# Erinnerungen eines alten Apothekers

Carl Georg Hasse

Carl Georg Hasse

# Erinnerungen eines alten Apothekers

Herausgegeben und kommentiert von
Elisabeth Huwer und Brigitte Röser

**Schriften aus dem Deutschen Apotheken-Museum, Band 1**
herausgegeben von der Gesellschaft Deutsches Apotheken-Museum e.V.

GOVI
Govi-Verlag

Bibliografische Information der Deutschen Bibliothek

Die Deutsche Bibliothek verzeichnet diese Publikation in der Deutschen Nationalbibliografie; detailierte bibliografische Daten sind im Internet über http://dnb.ddb.de abrufbar.

ISBN 3-7741-0991-5



Satz und Gestaltung: Bettina Christ
Druck und Verarbeitung: Lengericher Handelsdruckerei Jürgen Bossemeyer GmbH & Co KG, Lengerich/Westfalen
Printed in Germany

# Inhalt

# Geleitwort

Mit den Erinnerungen des Apothekers Carl Georg Hasse (1833–1918) möchte die »Gesellschaft Deutsches Apotheken-Museum e. V.« eine neue Reihe eröffnen, die unbekannte, wichtige Texte und Objekte zur Pharmaziegeschichte einem größeren Publikum zugänglich machen will. Im April 1850 klagte Theodor Fontane, damals approbierter Apotheker, dem Dichter Gustav Schwab seine Unzufriedenheit »mit dem Tag und Nacht gequälten Leben in der Apotheke«. Über seine Zeit als Lehrling und Provisor berichtete er später als bekannter Autor kaum etwas – die Erinnerung daran war ihm wohl zu unangenehm. Erinnerungen und Lebensberichte von Apothekern sind überhaupt eine Rarität. Die Aufzeichnungen von Fontanes 14 Jahre jüngerem Berufskollegen Hasse kann man daher als einen wirklichen Glücksfund ansehen. Ihm und seinen lebendigen Schilderungen verdanken wir es, dass wir in dem Betrieb im Inneren einer Apotheke in der zweiten Hälfte des 19. Jahrhunderts unmittelbar »mit dabei« sein können.

Als Präsident der »Gesellschaft Deutsches Apotheken-Museum e. V.« freue ich mich sehr, dass es uns gelungen ist, diese spannende Selbstdarstellung eines Apothekerlebens zu veröffentlichen. Seit Jahrzehnten bin ich jetzt der Pharmazie und der Pharmaziegeschichte aktiv verbunden und habe Hasses oft erfrischend aktuell wirkende Erinnerungen mit großem Vergnügen und Gewinn gelesen. Den hoffentlich zahlreichen Interessierten innerhalb und außerhalb des Fachs wünsche ich das gleiche Erlebnis.

*Dr. Dr. Helmut Becker*
*Vorsitzender der Gesellschaft Deutsches Apotheken-Museum e. V.*

# Erinnerungen eines alten Apothekers.



Es war im Jahre 1848. In Paris hatten sie eine Februar Revolution gemacht und ihren König weggejagt. Und auch in Deutschland hatte sich's geregt. König Friedrich Wilhelm der 4te hatte den Barrikadenkampf damit beendet, daß er seine Truppen aus Berlin zog und nach einer Proklamation „An seine lieben Berliner" sich mit der schwarz-rot-goldenen Fahne an die Spitze der Revolution stellte. Die Farben des deutschen Reiches waren wieder zu Ehren gekommen. Auch in der Quarta der Lateinschule in Halle trugen alle das schwarzrotgoldene Band, wie die Schüler sämmtlich in allen Klassen.

Ich war ein blasser, blutarmer Knabe von fünfzehn Jahren. In der Schule ging es mir nicht gut. Ich hatte ein schlechtes Gedächtniß und konnte die vielen Kapitel von Cornelius nepos nicht hinein bekommen. Die Nachhilfestunden halfen mir auch nichts. Sie vermehrten nur meine Aufgaben und, da ich sie schlecht lernte, trugen sie mir nur Prügel ein. Es giebt Lehrer, welche der Ansicht sind, daß man mit Prügeln nachhelfen muß, indem sie jeden schlecht veranlagten Schüler für faul halten. Und ich war doch nicht faul. Ich war einmal auf den Hausboden gestiegen, um ungestört lernen zu können und hatte es auch erreicht, daß ich ein Mal das schreckliche lateinische Kapitel aus Cornelius nepos wußte,

# Vorwort

Mit dem Nachlass des Apothekers Carl Georg Hasse (1833–1918), der dem Deutschen Apotheken-Museum im Frühjahr 2001 wohlgeordnet und größtenteils transkribiert von seiner Urenkelin, Frau Brigitte Röser, Mannheim, übergeben wurde, erschließt sich ein spannendes Stück Zeitgeschichte.

Amtliche Dokumente, Kaufverträge und Zeugnisse bilden dabei das nüchterne chronologische Gerüst der Lebensstationen von C. G. Hasse. Die dahinter stehende Person selbst tritt durch eine stattliche Anzahl zufällig erhalten gebliebener handschriftlicher Notizen hervor. Darunter finden sich ausführliche Abhandlungen mit Berechnungen zur Cheops-Pyramide, zum Verhältnis zwischen der Sonne und anderen Gestirnen oder zum Zerfall von Radio-Carbon ebenso wie umfangreiche Manuskripte zu theologischen Fragestellungen.

Der Lehrling, Geselle und Apothekenverwalter; der Ehemann, Familienvater und angesehene Stadtbürger mit preußischen Tugenden; aber auch der standespolitisch interessierte Apotheker und der Apothekenbesitzer, der im Laufe seines Lebens immerhin acht Apotheken in sieben Städten kaufte und wieder verkaufte: All diese vielfältigen Facetten eines Menschenlebens stehen lebensnah vor Augen bei der Lektüre der »Lebenserinnerungen« von C. G. Hasse, die hier mit Kommentaren versehen vorgestellt wird.

Auf 79 einseitig beschriebenen Seiten von je 21 x 33 cm Größe schildert der Autor in flüssiger Handschrift vielfältige Erlebnisse von der Schulzeit an bis ins hohe Alter. Das Originalmanuskript wird im Deutschen Apotheken-Museum unter der Inv.-Nr. VII A 832 aufbewahrt. Nachfolgend wird die Autobiographie unverändert ediert abgedruckt. Die von Hasse im Text vorgenommenen Streichungen werden hier in [Klammern] wiedergegeben. Die Transkription unternahm Frau Brigitte Röser. Im Deutschen Apotheken-Museum wurde sie überprüft und an wenigen Stellen ergänzt oder geändert.

Manche Frage tauchte bei der Beschäftigung mit Hasses »Erinnerungen« auf, denen Frau Röser und das Deutsche Apotheken-Museum nachgingen. Zahlreiche Schriftwechsel und Telefonate wurden geführt. Allen, die bei der Entstehung der hier vorliegenden kommentierten Edition geholfen haben, sei unser herzlicher Dank ausgesprochen. Sie alle zu nennen, würde den Rahmen sprengen, daher können hier stellvertretend nur einige herausgehoben werden.

Christa Förster, Deutsches Institut für Pädagogische Forschung, Berlin, brachte Licht in die Fragen zur »Ollendorffschen Lehrmethode«. Maik Lehmberg, Institut für Historische Landesforschung, Göttingen, rätselte mit uns gemeinsam über den Sinn des Wortes »Trichinenmann«. Dr. Georg Lentz, Marien-Apotheke, Stadtkyll, ergänzte durch seine Unterlagen das Bild um die schwierigen Verkaufsumstände der Apotheke Stadtkyll. Bernd Kasten vom Stadtarchiv Schwerin half bei der Klärung der Aufenthaltszeit Hasses in Schwerin. Frank Mälzer, Löwen-Apotheke, Emden, wusste Wichtiges aus seinen Unterlagen zu den turbulenten Übernahmeverhandlungen der Emdener Löwen-Apotheke beizutragen. Kai Neumann, Rats-Apotheke, Wilhelmshaven, konnte durch seine Unterlagen Lücken bei der Frage nach Übernahmezeit und Verkaufsdatum der Rats-Apotheke durch Hasse klären. Andreas Ohse, Verein Mitteldeutscher Umwelt- und Technikpark e. V., Zeitz, half bei der Klärung der Frage der Identität von Hasses Freund (Carl Adolf Riebeck) in seiner Zeit in Weißenfels. Jutta Schöffel, Staatsbibliothek Berlin unternahm die schwierige Suche nach einem nicht näher bezeichneten Artikel Hasses zum Thema Apothekenreform in der Pharmazeutischen Zeitung, der in der Zeit zwischen 1864 bis 1869 erschienen sein sollte.

*Im Juni 2003*

*Elisabeth Huwer*

# Erinnerungen eines alten Apothekers

Es war im Jahre 1848. In Paris hatten sie im Februar Revolution gemacht und ihren König weggejagt. Und auch in Deutschland hatte sich's geregt. König Friedrich Wilhelm IV. hatte den Barrikadenkampf damit beendet, daß er seine Truppen aus Berlin zog und nach einer Proklamation »An seine lieben Berliner« sich mit der schwarzrotgoldenen Fahne an die Spitze der Revolution stellte. Die Farben des Deutschen Reiches waren wieder zu Ehren gekommen. Wir in der Quarta der Lateinschule in Halle trugen alle das schwarzrotgoldene Band, wie die Schüler sämtlich in allen Klassen.

Ich war ein blasser, blutarmer Knabe von fünfzehn Jahren. In der Schule ging es mir nicht gut. Ich hatte ein schlechtes Gedächtniß und konnte die vielen Kapitel von Cornelius Nepos[1] nicht hinein bekommen. Die Nachhilfestunden halfen mir auch nichts. Sie vermehrten nur meine Aufgaben und, da ich sie schlecht lernte, trugen sie mir nur Prügel ein. Es gibt ja Lehrer, welche der Ansicht sind, daß man mit Prügeln nachhelfen muß, indem sie jeden schlecht veranlagten Schüler für faul halten. Und ich war doch nicht faul. Ich war einmal auf den Hausboden gestiegen, um ungestört lernen zu können, und hatte es auch erreicht, dies eine Mal das schreckliche lateinische Kapitel aus Cornelius Nepos wirklich zu erlernen. Aber es half mir nichts. Ich kam nur kurze Zeit daran, konnte mein mühsam erlerntes Wissen nicht anbringen. Und solche Extraanstrengung ist auch nicht oft möglich. Wie beneidete ich die Mitschüler mit gutem Gedächtniß! Es gab solche, die in der Zwischenstunde die Aufgaben lernten und dann fließend hersagten.

Eines Tages gab mir mein Vater auf, unter meinen Mitschülern nachzufragen, ob einer Apotheker werden wollte. Er selbst war Apotheker gewesen, hatte seine Apotheke in Peitz verkauft und sein Nachfolger suchte einen Lehrling.

Schon damals war es schwer für Apotheker Lehrlinge zu bekommen. Meine Nachfrage auf der Schule war ohne jeden Erfolg. Ich sollte ja Arzt werden. Aber wie alt würde ich werden, ehe ich die Schule hinter mir hatte, und ein Vergnügen war die Sache schon lange nicht mehr. Ich entschloß mich, die Stelle eines Apothekerlehrlings anzunehmen. War es doch die Stadt in der ich geboren war. Fünf Jahre alt, verlor ich meine Mutter, wir zogen fort, ich hatte kaum noch eine Erinnerung an Peitz.

Schon im Oktober traf ich beim Apotheker Abend ein[2]. Er war ein großer, magerer Herr mit einer großen Hakennase, etwa vierzigjährig. Seine Frau nett. Kinder hatten sie nicht.

Zunächst mußte ich nach Cottbus reisen, damals natürlich mit der Postkutsche, denn Eisenbahn gab es nicht, zu dem dort wohnenden Kreisphysikus. Bei dem mußte ich ein lateinisches Kapitel aus dem Cornelius Nepos übersetzen und dann empfing ich gegen einen Thaler Gebühr die Zulassung als Apothekerlehrling[3].

Das Haus der Apotheke in Peitz war ein zweistöckiges Gebäude. Vor der Tür standen zwei schöne Linden. Hinter der Officin war die Gehilfenstube, in der ich mich abends auch aufhalten durfte. Das Laboratorium befand sich auf einem lang gestreckten Hofe, ein massives mit Steinen gepflastertes Gebäude, in welchem ein eiserner Windofen stand und ein Kochherd mit großem eingemauerten Kupferkessel.

Es war nur ein einziger Arzt am Orte und nur wenig zu tun. Manche Tage keine zehn Recepte.

Ich wurde meinem Alter entsprechend mit Du angeredet. Des Morgens um sechs Uhr stand ich auf, hatte die Lampe in der Apotheke zu putzen und am Sonnabend die Apothekengefäße abzuwischen. Am Tage bestand meine geringe Tätigkeit in Abgabe der von den Kunden gewünschten Handverkaufsartikel

*In der Königlich-privilegierten Adler-Apotheke in Peitz absolvierte C. G. Hasse von 1848 bis 1852 seine Lehrjahre. Das ehemals stattliche und gepflegte Gebäude wurde 1720 erbaut und kurz nach der Entstehung des Fotos 1920 abgebrochen.*

und Abfassen der gangbarsten Sachen. Ein heute nicht mehr übliches Feuerzeug zum Zünden der Schwefelhölzer war ein Opodeldokglas[4] mit Asbest gestopft und mit ein wenig einfacher Schwefelsäure getränkt. Taucht man das damals übliche Schwefelholz hinein, so entzündete es sich. Aber nur so lange die Schwefelsäure conzentriert war. Da sie aber gern Feuchtigkeit aus der Luft anzog, versagte das Feuerzeug oft. Das war namentlich des Nachts sehr fatal. Dann wurde das Asbestglas wieder zu neuer Füllung angebracht. Das kam auch des Nachts vor.

Ein Gehilfe war da, der die Recepte anzufertigen hatte. Schon damals war die Gehilfennot in den kleinen Apotheken groß. Die jungen und tüchtigen Leute gingen in die größeren Städte, die kleinen Geschäfte bekamen die alten verbrauchten. Bei der so geringen Arbeit wäre das ja auch gleich gewesen. Aber sie hatten allerlei wenig empfehlenswerte Eigenschaften. Oft waren es Trinker oder Morphiumsüchtige. Das Geschäftspersonal aß damals allgemein mit der Familie des Besitzers am Tisch. Ging die Klingel, so stand zunächst der Lehrling auf, kam ein Recept, so kam der Gehilfe. Der Nachtdienst wurde vom Lehrling besorgt, so weit es nicht Receptur war.

Herr Abend und seine Frau waren geizig. Sie hatten keine Kinder. Der Tisch war nicht schlecht, aber von Sparsamkeit wurde der Haushalt regiert. So gab es im Herbst zur Gänsezeit täglich Gans. Die Bauern verkauften die Gänse nach Gewicht, das Pfund kostete zwei und einen halben Silbergroschen. Da gab es so oft Gans, daß man schließlich die Sache über wurde. Ebenso war es zur Zeit der Fischerei. Es waren dort große Karpfenteiche, von denen ein Teil jährlich ausgefischt wurde. Dann kamen die Wagen von Hamburg und Berlin und kauften den ganzen Fang. Die Bürger des Ortes erhielten zu billigen Preisen ebenfalls ihre Karpfen und wir aßen dann deren auch fast täglich.

Geheizt wurde nicht. Angeblich ließ sich der Ofen in der Apotheke nicht heizen. Der Gehilfe wußte sich zu helfen. Wenn wir abends in der Nebenstube saßen, goß er Spiritus in einen Mörser, zündete denselben an und bald war das Zimmer behaglich warm.

Erst um zehn Uhr abends wurde die Apotheke geschlossen. Alle vierzehn Tage durfte ich einen Sonntag Nachmittag ausgehen. Dann ging ich in die Umgegend, Pflanzen für mein Herbarium zu sammeln, oder ich schloß mich jungen Leuten zu einer Kahnfahrt im Spreewald an. Zum Abendessen war ich dann wieder zu Hause. Mein Vater hatte mir Bücher geschenkt. Den Berzelius[5] namentlich studierte ich mit Vorliebe, Botanik interessierte mich weniger.

Die Gehilfen wechselten häufig, noch öfter waren wir ohne Gehilfen. Dann verschwand Herr Abend oft für Stunden und ich mußte die eingehenden Recepte verfertigen. Es wurden nur einfache Sachen verordnet, die ich sehr bald so gut kennen lernte als ein Gehilfe und bloß der Arzt durfte es nicht merken, denn mit dem stand sich Herr Abend nicht. Da mußte dann die wendische[6] Magd ausgehen, Herrn Abend in den Wirtshäusern zu suchen. Er kam dann, schrieb die Signatur zur fertigen Arznei, um sofort wieder zu verschwinden.

Bald merkte ich, daß ich nur darum Lehrling war, um die Arbeit eines Gehilfen auszufüllen. Herr Abend sparte so das Gehilfengehalt und den Ärger mit diesen Herren. Mir konnte es ja recht sein, aber die Behörde wollte das nicht. Der Arzt, der, wie gesagt mit Abend schlecht stand, zeigte die Sache an und es wurde Abend aufgegeben, einen Gehilfen zu beschaffen. Seine Angabe, er könne keinen bekommen, half nichts, und so erschien dann bald wieder so ein alter Jünger der Pharmazie, der die paar Recepte anfertigte und im Übrigen fast unbeschäftigt war. Das Leben eines solchen älteren Mannes ist recht bedauernswert, das ewige Zusammenleben mit dem Chef und seiner Familie gibt oft Veranlassung zu Differenzen, die damit enden, daß er kündigt oder gekündigt wird, und eine neue Wandergestalt ist im Anzuge. Meist wird ihm das schlechteste Zimmer als Schlafraum angewiesen, ein eigenes Zimmer zur Erholung gibt es nicht. An den wenigen Ausgehtagen – wöchentlich damals ein freier Nachmittag und Abend – ist er auf das Wirtshaus angewiesen. Das geringe Gehalt – damals hundert Thaler und zehn Thaler Weihnachtsgeschenk – reichte zu den notwendigsten Bedürfnissen für Kleidung kaum hin. Auch die Reisekosten beim Wechsel

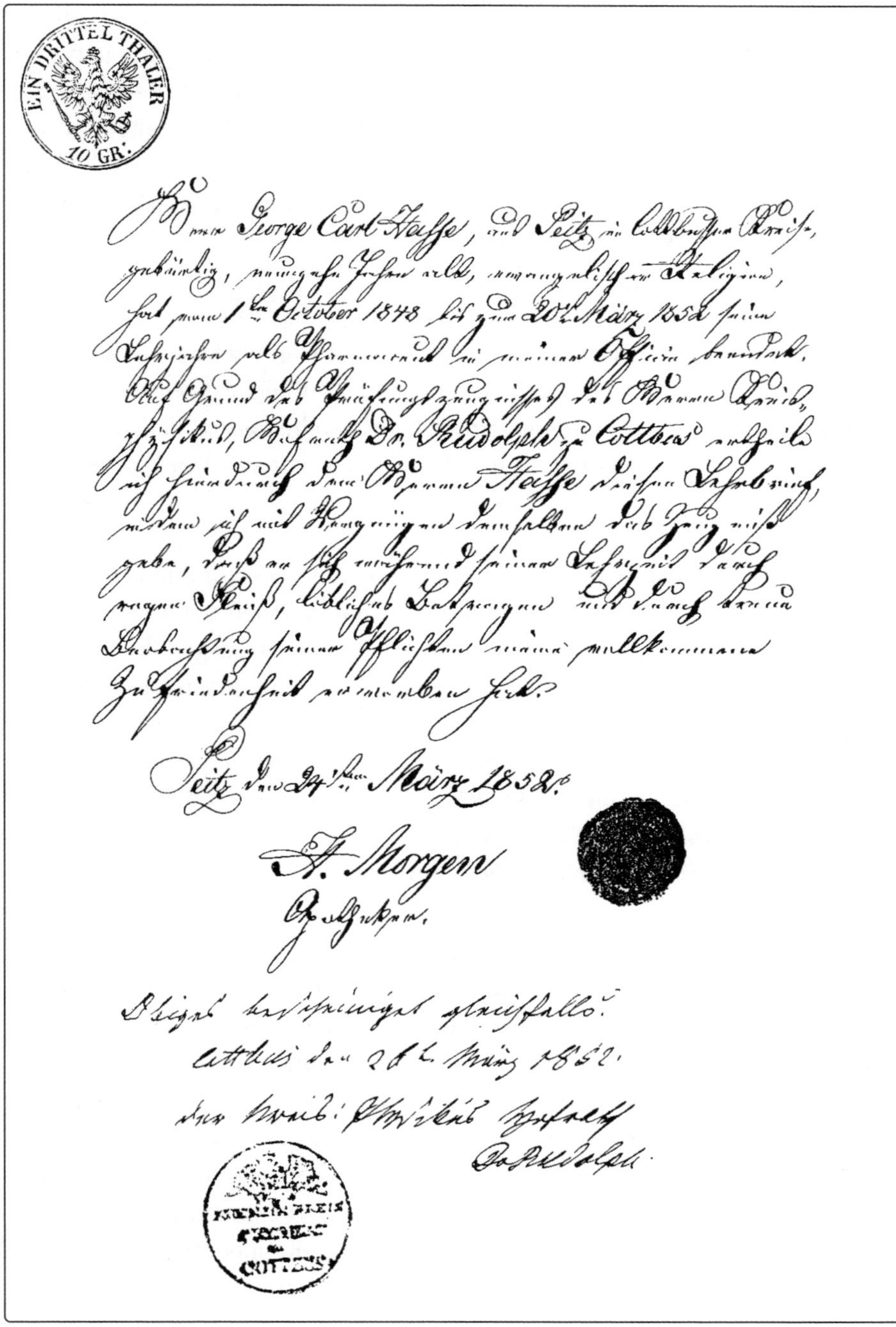

EIN DRITTEL THALER 10 GR.

Herr George Carl Hasse, aus Peitz im Cottbuser Kreise, gebürtig, neunzehn Jahre alt, evangelischer Religion, hat vom 1ten October 1848 bis zum 20ten März 1852 seine Lehrjahre als Pharmaceut in meiner Officin beendet. Auf Grund des Prüfungszeugnisses des Herrn Kreis-Physikus Dr. Rudolph zu Cottbus ertheile ich hierdurch dem Herrn Hasse diesen Lehrbrief, indem ich mit Vergnügen demselben das Zeugniß gebe, daß er sich während seiner Lehrzeit durch regen Fleiß, sittliches Betragen und durch treue Beobachtung seiner Pflichten meine vollkommene Zufriedenheit erworben hat.

Peitz den 24ten März 1852.

A. Morgen
Apotheker.

Obiges bescheinigt gleichfalls.
Cottbus den 26t. März 1852.
der Kreis-Physikus
Dr. Rudolph.

*Zeugnis für C. G. Hasse über die Lehrzeit 1848–1852 in der Königlich-priviligierten Apotheke Peitz bei Apotheker A. Morgen.*
*Unterzeichner A. Morgen und Kreisphysikus Dr. Rudolph.*

der Stellung mußten davon bestritten werden, denn Ersatz der Reisekosten war nicht üblich. Bot das Leben unter diesen Umständen nur wenig Erfreuliches, so war die stete Sorge um die Zukunft eine Quelle trüber Gedanken. Kein Wunder, wenn bei der geringen Beschäftigung in kleinen Apotheken der Gehilfe sich Trost beim Schnäpschen suchte, dessen Gebrauch zuerst beim Frühstück, nachher bei jeder Gelegenheit üblich wurde. So entstehen die Säufer und Morphinisten, die natürlich nur so lange bleiben, als sie diese Eigenschaften genügend verbergen können, meist nicht lange.

Andererseits ist auch der Besitzer einer kleineren Apotheke nicht auf Rosen gebettet. Er ist für alles verantwortlich und kann doch nicht dabeistehen, wenn sein Gehilfe die Arzneien anfertigt. Einem Säufer zu beweisen, daß er einer ist, ist sehr schwer und eine Handhabe einen solchen zu entlassen gibt es gesetzlich nicht.

Meine Tätigkeit wurde also bei Unterstützung der Receptur und gelegentlich im Laboratorium in Anspruch genommen. Damals wurden noch viele Pflaster und Salben angefertigt, die Pflaster massenweise in Stangen ausgerollt und Extrakte gekocht. Ich erinnere mich lebhaft noch einer solchen Kocherei. Es wurde Lakritzensaft in einem Zinnkessel eingekocht, über freiem Feuer, dem Windofen. Dampfapparate gab es damals noch nicht. Ich war angewiesen zu rühren und tat es gewissenhaft. Aber als die Sache dick zu werden anfing, und die Temperatur der Masse zunahm, schmolz der Kesselboden und die dicke Flüssigkeit lief zu meinem Schrecken zischend in die Feuerung.

Wenn ich an diese Zeit zurückdenke, so kann ich nur sagen, daß ich das Leben als Apothekerlehrling nicht so übel fand. Die Beschäftigung ist eine gesunde, abwechslungsreich. Man arbeitet körperlich und geistig. In der Officin ist man genötigt Kunden zu bedienen, die Leiter zu klettern, mit gespannter Aufmerksamkeit und Akkuratesse die Arzneien anzufertigen, genau zu wiegen, die Maximaldosen der stärker wirkenden Mittel zu beachten. Andererseits beschäftigt den jungen Mann die Defektur im Arzneikeller, auf der Materialkammer, dem Trockenboden, der Stoßkammer, ferner die Arbeiten im Laboratorium. Es ist kein dauerndes Sitzen auf dem Schreibsessel, wie bei den Kaufleuten, keine einseitige Beschäftigung, denn man hat sich auch mit den Wissenschaften, Chemie, Botanik, Physik zu beschäftigen.

Als die Lehrzeit, drei und ein halbes Jahr, um war, trat ich wieder die Reise nach Cottbus an zum Kreisphysikus, um bei ihm über meine erworbenen Kenntnisse Rechenschaft abzulegen. Ich erhielt gegen wieder einen Thaler mein Zeugnis als bestanden und war nun Gehilfe.

Ich war inzwischen achtzehn Jahre alt geworden und freute mich in der Nähe von Halle eine Stelle in Weißenfels in der Mohrenapotheke als Receptarius antreten zu können.

In Weißenfels blieb ich anderthalb Jahre. Es gefiel mir dort gut. Der Chef war ein gemütlicher Sachse, das Leben im Ort angenehm. Ich nahm Tanzstunde und Unterricht im Französischen bei einem Herrn Hoffmann, der als politischer Flüchtling einige Jahre in Genf zugebracht und dort die Aussprache in gutem Französisch sich angeeignet hatte. Er bediente sich der Ollendorffschen Methode[7], welche von Regeln und Systematik absieht, vielmehr den Gang des Kindes befolgt, das ja auch die Sprache nicht nach Regeln lernt, sondern durch stete Übung und Wiederholung.

Hoffmann war ein vortrefflicher Mensch, dem ich ein dankbares Andenken bewahre. Auch Fechtunterricht nahm ich bei ihm.

Der Besitzer der Apotheke, ein Herr Graf, hatte das Geschäft von seinem Vater übernommen und war ein recht wohlhabender Mann. Die Apotheke war am Markte gelegen, ein schönes zweistöckiges Eckhaus. An der anderen Seite des Marktes lag die zweite Apotheke des Ortes, denn das Leben desselbigen vereinigte sich am Markte. Als nun der Bruder des Herrn Graf, ebenfalls ein Apotheker, von einer Reise aus Afrika zurückkam, benutzte der Chef die Gelegenheit um mit Frau und Familie ein Bad zu besuchen. Es ist nämlich einem Apotheker nur gestattet seine Apotheke auf mehrere Tage zu verlassen, wenn er einen examinierten Vertreter hat, einen Apotheker mit dem Staatsexamen. Da konnte nun der Bruder der Regierung gegenüber diese Vertretung übernehmen.

Nach wenigen Tagen der Abreise meines Chefs erschien plötzlich der Medicinalrat mit einem Apotheker, beide von Merseburg, in Begleitung des Kreisphysikus, um die Apotheke zu revidieren. Nachdem er die vorgeschriebenen Bücher und Zeugnisse des Personals geprüft und einen Gang durch die Apothekenräume gemacht hatte, übernahm der Apotheker die Prüfung der Chemikalien und der spezifischen Gewichte der Flüssigkeiten. Während dieser prüfte, legte sich der Herr Regierungsrat aufs Sopha und ergab sich einer Erholungspause, indem er zuletzt laut schnarchte. So unglaublich es klingt, ich berichte Tatsachen. Nach Beendigung der Prüfung erhob er sich und diktierte nun dem anwesenden

Kreisphysikus das Protokoll, welches die Anwesenden, worunter auch der Apotheker Graf, unterschrieben.

Nach der Aussage des vertretenden Herrn Graf war in dem Protokoll nichts Wesentliches beanstandet worden. Die Herren zogen Abends wieder ab.

Wie erstaunte nun der Herr Graf bei der Rückkehr aus dem Bade, als er von der Regierung in Merseburg einen Revisionsbescheid erhielt, in welchem seine Apotheke als völlig untauglich hingestellt wurde und ihm aufgegeben wurde, dieselbe in ein anderes mehr taugliches Haus zu verlegen!

Natürlich protestierte Herr Graf beim Minister in Berlin, hervorhebend, daß das Haus ein durchaus angemessenes mit den vorgeschriebenen Räumen sei und daß die Verlegung der Apotheke ohne große Opfer ihm ganz unmöglich sei, denn am Markte sei kein Haus käuflich und bei der Bauart des Ortes nur am Markte ein Geschäft möglich.

Inzwischen nahm ich eine Stelle in Coblenz an und habe später erfahren, daß der Bescheid des Ministers gelautet habe, Herr Graf habe sich streng an die Verfügung der Regierung in Merseburg zu halten. Erst durch Vermittlung des damals mit revidierenden Apothekers Hahn in Merseburg gelang es, den Regierungsrat durch einige unwesentliche Veränderungen in der Materialkammer zufrieden zu stellen.

Aus diesem Vorkommniß habe ich einen tiefen Abscheu gegen die bürokratische Verwaltung unseres Medicinalwesens bekommen. Ich lernte den Herrn Medicinalrat später in Merseburg persönlich kennen und zwar im Casino am Spieltisch beim Hasard. Er genoß in Merseburg keinerlei Achtung. Ein preußischer Medicinalrat, also ein ehemaliger Arzt, ist in seinem Regierungsbezirk allmächtig. Er steht unmittelbar unter dem Minister. Jede Klage über sein Verfahren unterliegt zunächst seiner Begutachtung. Denn in seiner Regierung ist er der einzige Sachverständige im Medicinalwesen. Daß er auch in Apothekensachen sachverständig ist, ist Voraussetzung, die leider nicht immer zutrifft. Ich habe später noch andere Dinge erlebt. Es muß schon arg kommen, wenn ein Medicinalbeamter mal Unrecht bekommt.

Mein Wunsch einmal an den Rhein zu gehen, von dem ich so viel gelesen und gehört hatte, erfüllte sich in Folge besonderer Umstände. Ich bekam eine Gehilfenstelle bei einem Herren Billig in Coblenz. Herr Billig war, wie jedermann dort,

Katholik. Es war dort üblich, daß die zwei Gehilfen sich monatlich wechselnd in den Geschäften der Receptur und Defektur ablösten. Da habe ich viel gelernt. Im Laboratorium wurde Vielerlei hergestellt, an was heute kein Apotheker mehr denkt, denn heute haben die chemischen Fabriken fast alles übernommen. Das Laboratorium war vorzüglich eingerichtet. Wir machten Benzoesäure, Salmiakgeist, Jalappaharz und viele andere Dinge, wie sie in Apotheken gebraucht werden. Dabei stellte sich heraus, daß meine Lehre eine recht unvollkommene gewesen war und oft mußte ich mir Rat bei einem Kollegen in der benachbarten Apotheke holen, der Apotheke des berühmten Apothekers Dr. Mohr. Dr. Friedrich Mohr[8] hatte seine Apotheke vom Vater übernommen, hatte das Maturum gemacht und war ein höchst gelehrter und zugleich praktischer Apotheker. Er hat verschiedene vorzügliche Bücher geschrieben, wie den Kommentar zur Pharmakopöe[9], die pharmazeutische Technik, ein Buch über Weinbau und dergleichen[10]. Vor allem aber war er der Begründer der Titrieranalyse, einer heute unentbehrlichen Art der quantitativen Analyse. Auch über diese hat er ein gutes Lehrbuch geschrieben[11]. Der Prinzessin von Preußen[12] (spätere Kaiserin), die damals mit ihrem Gemahl in Coblenz residierte, gab er Unterricht in Chemie und Physik. Es war nur interessant, diesen Mann kennen zu lernen, der jedenfalls der Hervorragendste unter den Apothekern war. Dr. Mohr begann auch mit Maschinen Pulver von verschiedenen Drogen herzustellen und diese den Collegen anzubieten. Indeß fand er kein Entgegenkommen, der Bedarf an feinen Pulvern ist ja auch gering, so daß er sich entschloß, mit seinem Schwiegersohn, der auch Apotheker war, eine Großdrogenhandlung zu errichten. Diese florierte nicht, es waren eben beide keine Kaufleute, und verfiel der Liquidation[13]. Dr. Mohr verkaufte seine Apotheke. Durch Vermittlung der Prinzessin von Preußen (der späteren Kaiserin Augusta) bekam er eine Professur der Pharmazie an der Universität Bonn. Dort hatte er viele Anfeindungen seiner dortigen Kollegen zu erdulden, war er doch ohne Genehmigung derselben Professor geworden und überragte er doch die meisten derselben an Wissen und Erfindungsgabe[14].

Ein ferneres Interesse hatten für mich die Einrichtungen des katholischen Gottesdienstes und die katholische Kirche, die ich oft besuchte. Ebenso lernte ich den rheinischen Carneval als etwas ganz neues und eigenartiges kennen.

Von Coblenz ging ich nach Aachen zu Dr. Weidenbach, einem älteren, wohlgenährten Junggesellen. Ich mußte hier wieder erfahren, was ich später noch oft bestätigt fand, das jedes Geschäft verschieden ist. Eine Sonderbarkeit war, daß der Recepturtisch, der eigentlich vom Publikum abgeschränkt sein soll und im ganzen Norden Deutschlands auch ist – es ist so Vorschrift – daß dieser Recepturtisch ohne jede Schranke den Blicken des Publikums offen stand, man also unter dessen Aufsicht ausarbeitete. Es war viel Fremdenpublikum, namentlich Engländer kamen viel[15]. So mußte ich Unterricht im Englischen nehmen, konnte aber dieser Sprachen keinen Geschmack abgewinnen. Viele englische Recepte wurden zur Anfertigung aufgegeben, gewisse Ärzte schickten ihre Patienten nur zu uns.

Aachen, die alte Kaiserstadt, gefiel mir mit seinem vornehmen Badepublikum sehr. Der Brunnen, der getrunken und gebadet wird, ist eine warme Schwefelquelle, welche entfernt einen Geschmack nach Fleischbrühe mit faulen Eiern hat. Ich lernte in Aachen auch ihren Spielsaal kennen. Den ich aber nur einmal besuchen konnte, weil eine weise Vorschrift der städtischen Behörden nur auswärtige Fremde hier zuließ. Ich verlor natürlich ein paar Thaler. Die Kirchen und sonstige sehenswerte Gebäude besuchte ich natürlich auch, fand aber bald heraus, daß ich hier geschäftlich nicht viel lernen konnte. So ging ich nach Dortmund[16], damals eine langweilige Landstadt ohne Industrie. Ich vollendete hier die damals vorgeschriebenen drei Jahre Gehilfenzeit und wandte mich nun nach Halle zum pharmazeutischen Studium.

Damals konnte man nur in Berlin und Breslau das Staatsexamen machen. Ich ging aber nach Halle aus Ersparnißrücksichten, da ich bei meinem Onkel wohnen konnte, der mit seiner Schwester ein hübsches Haus mit Garten der Universität gegenüber bewohnte. Beide waren unverheiratet und fanden es nett, ihren erwachsenen Neffen bei sich zu haben. Wenn in Halle auch keine Examinations-Kommission war, so war doch ein pharmazeutisches Institut mit einem Professor der Pharmazie vorhanden, welches sogar eine Freistelle zu vergeben hatte. Dieser Freistelle wegen studierte dort noch ein Hallenser, wir waren also unser zwei Pharmazeuten. Der Professor hieß Heintz[17], ein noch junger Mann, der namentlich viele Untersuchungen über Fette gemacht und veröffentlicht hatte und darum unter seinen Kollegen der Fett-Heintz hieß.

Professor Heintz hatte für den Gebrauch zur Analyse ein kleines Heftchen geschrieben, wir übten auch fleißig jeden Vormittag in seinem chemischen Arbeitssaal, aber woran es lag, daß wir trotzdem es zur Vollendung nicht bringen konnten, das ist mir heute noch unklar. Ich wenigstens brachte es nicht dazu, eine qualitative Analyse tadellos auszuführen. Nachmittags las Herr Professor Pharmazie. Er begann damit uns Beide zu ermahnen pünktlich zu erscheinen, da er vor einem Schüler nicht lesen könne. Auch las er in der Tat, nämlich er las aus Mohr's Kommentar der Pharmakopöe vor, nicht ahnend, daß wir dies Werk längst besaßen und studiert hatten.

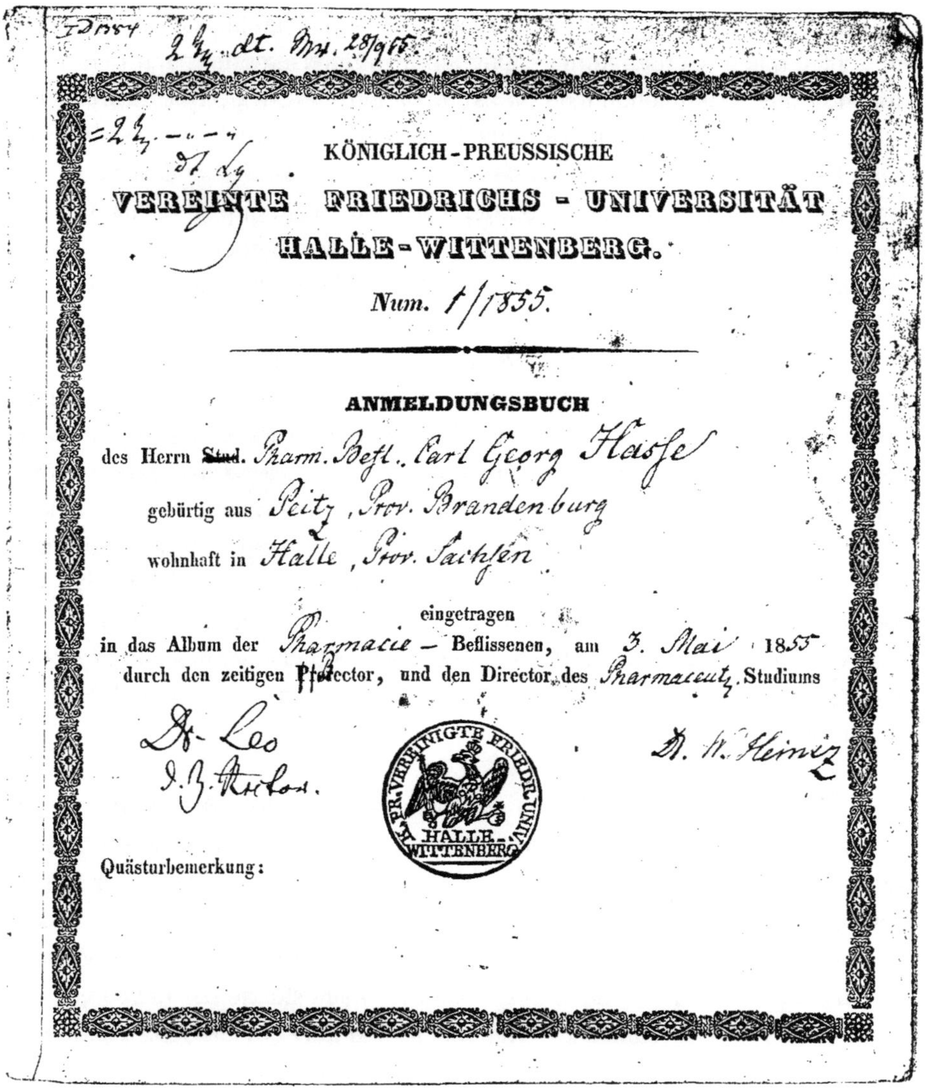

KÖNIGLICH-PREUSSISCHE
VEREINTE FRIEDRICHS-UNIVERSITÄT
HALLE-WITTENBERG.

Num. 1/1855.

ANMELDUNGSBUCH

des Herrn ~~Stud.~~ Pharm. Befl., Carl Georg Hasse
gebürtig aus Peitz, Prov. Brandenburg
wohnhaft in Halle, Prov. Sachsen

eingetragen
in das Album der Pharmacie – Beflissenen, am 3. Mai 1855
durch den zeitigen Prorector, und den Director des Pharmaceut. Studiums

Dr. Leo
d. Z. Rector.

Dr. W. Heintz



Quästurbemerkung:

*Anmeldungsbuch der Königlich-preussischen vereinten Friedrichs-Universität Halle-Wittenberg, mit den Unterschriften des Universitätsrektors Dr. Leo und Dr. W. Heintz, als Direktor für das physikalische Studium zuständig.*

Für Botanik war Professor Schlechtendahl Lehrer[18], ein alter, stets kränklicher Herr. Nur einmal hatte ich einer Vorlesung im botanischen Garten beigewohnt, wo mir an lebenden Blumen gezeigt wurde, aus welchen Teilen eine Blüte besteht. Nachher war keine Vorlesung mehr, jedenfalls ging ich nicht hin, denn ich merkte, daß für mich dort nichts zu lernen war. Da das Staatsexamen in Halle nicht gemacht werden konnte, ging ich im Wintersemester nach Berlin, um dort nun alles das nachzuholen, was nun noch nötig war. Und das war fast Alles. Ich belegte Chemie bei Heinrich Rose und Mitscherlich, Analyse bei Sonnenschein und Schneider, Physik bei Magnus, Mikroskopie bei Ehrenberg, Botanik bei Berg[19]. Hier lernte ich binnen vierzehn Tagen eine gute Analyse machen. Die Vorlesungen bei Rose und Mitscherlich waren hoch interessant. Magnus war ein vortrefflicher Redner und geschickter Experimentator.

Der Verkehr unter den Studenten in Berlin war, wenigstens bei den Pharmazeuten, sehr wenig üblich und für mich, da ich mich sehr einschränken mußte, überhaupt nicht gestattet, so daß ich ein eigentliches Studentenleben nur wenig kennen lernte. Dagegen arbeitete ich zu Hause meine Hefte aus und versäumte kein Colleg, so daß ich beim Schluß des Semesters mich zum Examen melden konnte. Ich bemerke, daß damals zwei Semester Universitätsstudium für Pharmazeuten genügten. Mit noch drei anderen Kandidaten wurden die üblichen Besuche im Frack bei den Herren Examinatoren gemacht und dann erhielten wir unsere Aufgaben, nach deren Bearbeitung das öffentliche Schlußexamen erfolgte. Das Examen hatte etwa drei Monate Zeit in Anspruch genommen. Ich erhielt das Prädikat »Sehr gut«.

Das freie Studentenleben hatte nun ein Ende, es hieß wieder Stellung als Gehilfe annehmen. Ich fand solche in Neubrandenburg[20]. Wieder war ich, als einziger Gehilfe vom frühen Morgen bis Abends zehn Uhr an's Geschäft gefesselt, bei wöchentlich einem freien Nachmittag und Sonntag wechselnd. Mein Schlafzimmer neben der Apotheke entbehrte des Tageslichtes, hatte feuchte Wände, und als eines Abends ein heftiges Gewitter losbrach stürzte der Regen von der Decke, den Fußboden überschwemmend. Meine Bitte um ein besseres Zimmer wurde nicht beachtet, da ja die Nachtglocke in diesem Zimmer war. Erst als ich mich an den Kreisphysikus wandte, der diesem Zustand gesundheitsschädlich fand, bekam ich ein sehr hübsches Zimmer nach hinten, denn es war nur Eigensinn des unverheirateten Chefs, der das Haus allein bewohnte. Aus Eigensinn zog er auch in das von mir verlassene Nachtquartier und besorgte von nun an die Nachtwache. Unser Verhältniß wurde dadurch nicht besser, es kam zum Bruch. Ich reiste nach Hause, entschlossen, der Apothekerei zu entsagen, da meine Mittel zum Ankauf einer Apotheke nicht langten und das Leben als Gehilfe keinen Reiz hatte.

In Halle lernte ich einen jungen Apotheker kennen, der eben mit Zensur No.1 aus Berlin kam. Durch Empfehlungen kam er in Kreise Industrieller, Besitzer von Braunkohlegruben in Bitterfeld. Es war gelungen, aus Braunkohlentheer Paraffin zu machen und jener junge Herr wurde von einer kleinen Gesellschaft dieser Herren aufgefordert, in Bitterfeld eine Fabrik zur Verwertung ihrer Braunkohle zu bauen.

Er nahm an, baute die Fabrik und arbeitete los. Ich bot mich ihm an, dabei mitzuarbeiten, in der Hoffnung, später in dieser Industrie eine Stellung zu bekommen. Ich lernte den Betrieb von Dampfkesseln, von Theerschwelerei und allem mit der Destillation von Theerölen, Photogen, Solaröl[21] und Paraffinkerzen benötigten Betriebsmitteln kennen und verblieb ein Jahr dabei. Leider machte die Fabrik keine Geschäfte. Es fand sich, daß nicht jede Braunkohle zur Fabrikation geeignet war und die Bitterfelder war es nicht. Dennoch fand mein Freund sein Glück dabei. Eine Kohle bei Weißenfels, die ihm zufällig in die Hände fiel, gab glänzende Ausbeute. Er sicherte sich dieselbe vertraglich, verarbeitete sie in der Bitterfelder Fabrik und war nunmehr ein gemachter Mann, um so mehr, als die damals als Nebenprodukte behandelten Stoffe, wie Benzin, die schweren Öle, als Leuchtmittel nicht brauchbar, jetzt gesucht zur Feuerung der Kriegsschiffe, die Fabrikation immer rentabler machten.

Meine Bemühungen um eine Stellung in solcher Fabrik waren übrigens vergeblich. Der Betrieb der Braunkohlenverwertung beschränkte sich später darauf, von den seltenen verwertbaren Braunkohlen nur den Theer zu gewinnen und diesen an die bestehenden Fabriken zu verkaufen, und diese Theerschwelereien hatten keinen Direktor nötig.

Ich ging wieder in Stellung, dies Mal in Berlin zu Apotheker Altmann am Zietenplatz. Die Apotheke steht heute nicht mehr, der Kaiserhof wurde dort später errichtet, die Apotheke als Engelapotheke nach der Kanonierstraße verlegt[22].

[Als in dem Regierungsbezirk in Merseburg bei meinem Vetter Schnabel eine Stelle mir angeboten wurde, nahm ich diese.]

Meine Absicht einmal eine selbstständige Verwaltung einer Apotheke zu erlangen, ging endlich in Erfüllung, da mir die Verwaltung der Apotheke in Friedeburg übertragen wurde. Es war dies eine kleine Filiale der Apotheke in Neustadt-Gödens, damals im Königreich Hannover. In Friedeburg befand sich ein junger Arzt. Die Verhältnisse im Königreich Hannover waren eigentümlich ge-

## Das Chemiedreieck

*Hasse und sein Bekannter versuchten sich als echte »Pioniere« in einer Region, die heute als Mitteldeutsches Chemiedreieck bekannt ist. Bei dem jungen Apotheker handelt es sich mit großer Wahrscheinlichkeit um Carl Adolf Riebeck, den späteren Gründer der Riebeckschen Teerschwelerei Gosserau b. Weißenfels. Die Region um Halle wird seit über hundert Jahren von der chemischen Industrie geprägt. Die Anfänge liegen in der Mitte des 19. Jahrhunderts, nur wenige Jahre vor Hasses Versuch, dort Fuß zu fassen. Zu Beginn der Industrialisierung spezialisierten sich dort kleine Familien- und Handwerksbetriebe mehr und mehr auf die Herstellung einzelner Chemikalien, wie Schwefelsäure und Soda. Die Entstehung chemischer Werke wurde durch reiche Vorkommen an Braunkohle, Kali- und Steinsalze begünstigt. In der Nähe der Braunkohlevorkommen entstanden zahlreiche Schwelanlagen. Als Zentrum der Gewinnung von Paraffin für die Kerzenherstellung und zur Erzeugung von Leuchtölen bildeten sich u. a. die hier beschriebene Region zwischen Weißenfels und Zeitz heraus.*

ordnet. Damit auch in den kleinsten Orten ärztliche Hilfe zu haben war, wurden die Ärzte mit einem bestimmten Gehalt angestellt und später je nach Bedarf in größere Orte versetzt. So hatte jede Gemeinde ärztliche Hilfe, jeder Arzt gleich eine Praxis. Die Apotheken wurden als persönliche Concessionen gegeben, konnten nicht verkauft werden, es wurde aber, um das Eigentum der Familie zu erhalten, regelmäßig beim Ableben des Besitzers der Sohn oder, wenn nur Töchter vorhanden waren, der Schwiegersohn zum Nachfolger ernannt. Die Apotheken wurden von einem für ganz Hannover ernannten Apotheker revidiert. Mir, als Preuße, wurde die Erlaubniß zur Verwaltung unter der Bedingung erteilt, daß ich binnen Jahresfrist das Hannoversche Staatsexamen machte.

Die Apotheke war ein Laden mit Zimmer und Schlafraum im Hause eines Bäckers. Die Einrichtung war mäßig, jedoch hinreichend. Eine Unzahl Mäuse teilten sich mit mir die Wohnräume, kamen sogar des Nachts ins Bett, so daß ich mit Gift einschritt. Mein Essen bekam ich vom Bäcker geliefert. Zu tun war nur wenig, die dortige Bevölkerung erfreute sich einer guten Gesundheit. Es waren Ostfriesen, deren Plattdeutsch ich zunächst nicht verstehen konnte.

Der Besitzer der Mutterapotheke in Neustadt-Gödens hieß Mein[23]. Es war ein liebenswürdiger Herr, der sich sehr viel mit Botanik beschäftigte und namentlich Kakteen züchtete. Er hatte einen Sohn und zwei Töchter. Ersterer wollte gern Landwirt werden, mußte aber Apotheker werden, um die Apotheke der Familie zu erhalten. Der alte Mein wurde öfter krank, wurde dann von den Töchtern gepflegt und war für Niemand zu sprechen. Später hörte ich, daß er am Sechswochentrunk leide. Er war sechs Wochen leidend infolge einer bösen Erbschaft, dann wieder trank er sechs Wochen keinen Tropfen und war der heiterste Mensch von der Welt. Eine eigentümliche Krankheit, die man in der dortigen Gegend öfter findet und die sich weiter vererbt. Auch der Sohn, der später die Apotheke übernommen hat, hat daran gelitten.

Nachdem ich ein Jahr diese Apotheke verwaltet hatte ging ich ab. Ich entschloß mich zum Ankauf einer Apotheke. Von meiner Mutter hatte ich ein kleines Vermögen geerbt und meine Tante wollte mir helfen.

Damals waren es die Drogisten, von welchen man über verkäufliche Apotheken und offene Gehilfenstellen Nachricht bekam. In Rees am Rhein sollte eine der beiden Apotheken zu haben sein und so reiste ich hin. Die Apotheke war indeß bereits verkauft an einen Apothekenbesitzer in der Eifel, der seine Apotheke erst noch verkaufen mußte. Es wurde mir dringend von Rees abgeraten, da ich als Protestant in diesem streng katholischen Orte keine Geschäfte machen könne, dagegen sei in dem Eifeler Ort nur eine Apotheke. Dieser Ort war Stadtkyll, den ich nunmehr aufsuchte. Ich reiste mit der Post eine Nacht hindurch und kam des Morgens um 6 Uhr an. Der Ort gefiel mir mit seinen massiven, zweistöckigen Häusern städtischer Bauart. Die Apotheke war ein hübsches Haus mit einem drei Morgen großem Garten, vor zwanzig Jahren vom Eigentümer auf Grund einer Concession neu errichtet. Der wohlgenährte Herr Schlobach[24] zeigte mir seine Apotheke und es war alles ganz schön, nur seine Buchführung war sehr mangelhaft, denn er hatte nie daran gedacht zu verkaufen, zu welchem Entschluß er erst jetzt seiner Kinder wegen gekommen sei, um diesen in einer größeren Stadt eine bessere Erziehung geben zu können.

Sein Umsatz war nur in den letzten paar Jahren aufgeschrieben, seine Ausgaben nur soweit seine Drogistenbezüge notiert waren.

[Die Apotheke sollte damals 24 000 Thaler Umsatz haben und die Forderung waren 13 000 Thaler bei 10 000 Thalern Anzahlung.]

Der Preis war nicht teuer, ich schloß ab. Die Übernahme sollte am 1. Juli sein. So reiste ich dann wieder mit der Post ab, diesmal am Tage. Die Post wurde von einem Schaffner begleitet, welcher im Inneren des Wagens seinen Platz hatte und mit mir, dem einzigen Passagier, Unterhaltung suchte. Er erfuhr bald von meinem Ankauf, schien aber wenig davon erbaut zu sein. Die Gegend sei arm, der Ort sei vor einem Jahrzehnt völlig abgebrannt gewesen und unter Beisteuer des Kreises neu aufgebaut worden, so daß er jetzt erst stattlich aussähe. Die Häuser mußten auf Betreiben des Landrats zweistöckig gebaut werden. Hinter dieser schönen Außenseite wohne trostlose Armut. Die Umgebung des Ortes bestehe aus unbewohnten Bergen. Der Verkäufer der Apotheke sei ein Fuchs, vor dem man sich in Acht zu nehmen habe.

Diese Auskunft war wenig tröstlich. Inzwischen beschloß ich, die Sache durch zu kämpfen. War der Umsatz undurchsichtig angegeben, so mußte der Warenverbrauch doch wenigstens nachweisbar sein und einen Anhalt gewähren. Man rechnete damals, wie mein Vater mir mitgeteilt hatte, ein Viertel bis ein Drittel des Umsatzes Drogenverbrauch und dieser mußte sich aus den Rechnungen der Drogisten ergeben.

Ich fuhr nach Halle, sagte niemand von meinen Sorgen, kaufte die nötigen Möbel für meine Wohnung und fuhr vierzehn Tage vor Übernahme nach Stadtkyll.

In der Eifel sind die Posthalter zugleich die Gastwirtschaften. Bei dem Posthalter machte ich also Quartier. Abends fanden sich in der Gaststube die besseren Leute des Ortes ein und ich erfuhr bei einem Glase Mosel mancherlei. Der Ruf des Apothekers war nicht besonders, er war nicht beliebt.

Ich begann nun, nachdem ich gehört hatte, daß Herr Schlobach in Rees sich definitiv angekauft hatte und die Versteigerung seiner Möbel bereits angesetzt war, um nochmalige Einsicht in die Bücher zu ersuchen. Es war aber in Betreff der verbrauchten Waren nur eine summarische Zusammenstellung des letzten Jahres vorhanden, die Rechnungen der Drogisten waren nicht mehr da. Ich kopierte mir die Zusammenstellung, schrieb dann an die verschiedenen Drogen-Firmen um Mitteilung der für die Apotheke in Stadtkyll gelieferten Waren, wegen welcher Apotheke ich in Kaufverhandlungen stehe, und ließ diese Briefe Herrn Schlobach mit unterschreiben.

Nach wenigen Tagen kamen die gewünschten Auszüge und nun zeigte sich, daß Herrn Schlobachs Angaben nicht richtig waren. Da ich bereits Anzahlung geleistet hatte und Schlobach diese in Rees zum Ankauf verwendet hatte, war die Sache nicht einfach. Ich erklärte Schlobach zur Königlichen Regierung in Trier zu reisen, um gegen die Übertragung der Concession zu protestieren, da ich die Apotheke nicht übernehmen würde.

Da die Umstände eine anderen Lösung nicht möglich machten, einigten wir uns, daß ich die Apotheke drei Jahre zur Probe behalten wollte mit der Bedingung, daß Schlobach sie dann auf meinen Wunsch wieder übernehmen müsse und das erhaltene Geld mir zurückzahlen.

So trat ich denn meinen Besitz an. Es war mir wohl gesagt worden, daß die Apotheke auch Farben mit feilhielt, aber was ich nun vorfand, versteckt an allerlei Orten, spottete jeder Beschreibung. Es war weniger Apotheke als Kramladen. Mit Fensterglas, Tinte, Papier, Siegellack, Eimern, Bleistiften, Uhrengläsern u.dgl. mehr hatte Herr Schlobach gehandelt und ich mußte diesen Handel weiter betreiben, um die Vorräte zu verwenden. So erklärte es sich dann, daß Schlobach seine Familie – er hatte Frau und Kinder – trotz des geringen Apothekenumsatzes hatte durchbringen können und da dieser Handel ihm durch einen rührigen Kaufmann in letzter Zeit arg beschnitten wurde, zum Verkauf des Geschäfts sich entschlossen hatte.

Ich richtete mich möglichst ein, vermietete die erste Etage an einen Förster, bei dem ich zu Mittag aß, hielt mir Kaffee, [und Abendbrot] Frühstück und Abendbrot selbst und betrieb nun die Apotheke allein, ohne [Gehilfen] jede Hilfe. Die Reinigung der Apotheke besorgte ein junger Bursche, der auch Botengänge machte und die Rechnungen austrug. Denn geborgt wurde alles, die Leute hatten eben kein Geld und lebten auf der Ansicht, einem Kranken müsse geborgt werden. Ein einziger Arzt war im Orte, doch gingen die Kranken auch nach Prüm. Dort war ein berühmter Wunderdoktor, der nur den Urin zu sehen brauchte und dann wußte, was dem Kranken fehlte. Der Postillion brachte den Urin hin und nahm die Recepte gleich mit, von denen ich viele gemacht habe. Es waren gräuliche Mixturen mit Eisenvitriol, die er regelmäßig verschrieb. Wenn sich die Kunden im Wartezimmer unter sich über die Krankheit ihres Falles genügend ausgesprochen hatten, verschwand die Rätherin[25]. Kamen die Insassen des Wartezimmers an die Reihe, so waren sie erstaunt, daß der Doktor am Urin die Krankheit erkannte. Der Arzt war auch ein frommer Katholik, bei dem jeder reisende Geistliche freie Herberge erhielt.

Ich verlebte auf diese Weise nun meine besten drei Jahre in der Eifel. Ich war 27 Jahre alt zur Zeit der Übernahme des Geschäftes. Als ich wieder an den Vorgänger übergab, hatte ich trotz sparsamsten Lebens, 500 Thaler zugesetzt, war aber froh, daß sich die Sache glatt vollzog. Schlobach konnte in Rees wieder verkaufen und mir mein Geld zurückgeben. Ich hatte dort manches gelernt in Bezug auf den Verkehr mit Farbwaren, ließ Lycopodium sammeln für die Drogisten, im Herbst kaufte ich Krammetsvögel auf, die ich nach Köln verschickte. Mein großer Garten gab mir Beschäftigung in meiner freien Zeit.

Die Bevölkerung war sehr arm und streng katholisch. Mein Nachbar, der Schullehrer, empfand es als eine Art Beleidigung, daß ich mir erlaubte ihn freundlich als Nachbarn zu begrüßen. Er hatte Frau und Kinder, dabei 100 Thaler Gehalt und freie Wohnung mit kleinem Garten. Vielleicht fürchtete er seine Stelle zu verlieren, wenn er mit mir sprechen würde.

Im allgemeinen jedoch war man gegen mich freundlich, obwohl man mich bedauerte, als der Hölle verfallen. Auch mich zu verheiraten gab man sich Mühe, [ich] wiewohl vergeblich, da ich die drei Jahre meiner Verwaltung als Übergang ansah.

Der Ortsgeistliche war ein noch junger Mann, der sich mir gegenüber tolerant zeigte, auch die sich abends beim Schoppen Mosel im Posthause einfindenden Gäste waren nett gegen mich.

Bei Gelegenheit der Kirmes und der Fastnachtsfeier war in einem Wirtshause, mir benachbart, stets Tanzmusik und ich beteiligte mich als junger Mann. Bei solcher Gelegenheit sollte ich in einen Streit verwickelt werden, wie junge Burschen vorher verabredet hatten. Eine Maske forderte mich auf ihr zu folgen. Als ich in der Mitte des Raumes angelangt war und die Maske mich angreifen wollte, umringten mich die Frauen und verhinderten jeden Angriff. Ich konnte mich ruhig zurückziehen und ging dann allein nach Hause. Kaum angekommen, ertönte die Nachtglocke. Die Leute schienen aber nicht warten zu können, während ich öffnete waren sie mit großem Spektakel an die verschlossene Hoftür gezogen, dort Einlaß begehrend. Als ich ihnen dort entgegentreten wollte, zogen sie wieder zur Apothekentür. Ich erwartete sie dort, legte mir ein größeres Gewicht als Wurfgeschoß bereit, falls sie mit Gewalt eindringen würden. Endlich zogen sie ab. Am anderen Tage hörte ich, daß es mir völlig unbekannte Menschen gewesen waren, die sich in ihrem Glaubenseifer zu einem Feldzug gegen Protestanten vereinigt hatten. Der Posthalter hatte davon gehört und im Tanzsaale mehrere Postillione verteilt um die Ruhestörer hinaus zu befördern.

Von diesem Wirtshause und seinem Besitzer erlebte ich dann noch folgendes. Der Wirt, der eine nette Frau und zwei erwachsenen Töchter hatte, war eines Tages auf Besuch bei seinem Bruder, einem Apotheker in einem Ort der Nachbarschaft. Des Nachts hörte der Bruder ihn stöhnen und als er aufstand um nachzusehen, fand er denselben tot. Ein Herzschlag hatte ihm ein plötzliches Ende bereitet. Nun war die Familie doppelt unglücklich, denn der Mann war ohne geistlichen Beistand, ohne letzte Ölung und Vergebung seiner Sünden hingegangen und daher der Hölle verfallen. Es war ein herzensguter Mann gewesen, der gewiß keine großen Sünden begangen hatte und mit seiner Familie in bester Eintracht lebte. Als ich aber zu sagen wagte, sie möchten doch an diese ewigen Höllenqualen nicht glauben, dies sei doch unmöglich und ungerecht, da wurde mir mit meiner Ketzerei scharf entgegen getreten. Nur Ablaßmessen konnten hier helfen, die natürlich der keineswegs begüterten Familie viel Geld kosteten.

Nach Rückgabe der Apotheke an den Vorbesitzer trat ich wieder in Stellung und zwar in einer Apotheke in Coesfeld in Westfalen[26]. Dort verlebte ich ein angenehmes Jahr im Verkehr mit den Offizieren der Garnison, denen ich mich als Protestant im streng katholischen Ort, anschließen durfte, soweit dies ein Gesangsverein mit sich brachte. Auch im Hause des Chefs gefiel es mir gut. Dennoch konnte mich das auf die Dauer nicht befriedigen, ich ging wieder nach der Heimat zurück und nahm in Merseburg Anstellung in der Dom-Apotheke bei meinem Vetter Schnabel. Hier wollte ich die Gelegenheit zu einem anderen Ankauf abwarten oder mich um eine Apothekenconcession bewerben.

Die Gelegenheit fand sich. Es wurde die Concession zur Errichtung einer Apotheke in Beetzendorf in der Altmark öffentlich ausgeschrieben, um die ich mich bewarb. Kräftige Unterstützung erhielt ich durch meine Tante Schnabel, die gute Beziehungen zu dem damaligen Oberpräsidenten in Magdeburg hatte. Nachdem ich vom Minister die Erlaubnis erhalten hatte, mich um die Concession bewerben zu dürfen, obwohl ich schon eine Apotheke besessen hatte, allerdings nur auf Probe, begab ich mich nach Magdeburg, mich dem Herrn Oberpräsidenten persönlich vorzustellen. Unter 36 Bewerbern war ich der Glückliche[27]. Ich bekam die Concession für Beetzendorf, einem Orte von damals etwa 2000 Einwohnern und guter Umgebung. Ein Arzt war am Ort, der bisher selbst Arzneien an seine Patienten gegeben hatte.

*Carl Georg Hasse im Alter von 36 Jahren kurz vor dem Verkauf der Apotheke in Beetzendorf, 1869.*

Ich kaufte am Orte eine Gartenparzelle, welche neben der Post und am Kirchplatz gelegen war, verschaffte mir einen Bauplan und ließ [durch] einen Mauermeister des Ortes das Haus fertig stellen. Das dauerte noch ein Jahr. Ein Baumeister in Salzwedel übernahm gegen festes Honorar die Aufsicht über den Bau. Die innere Einrichtung der Apotheke, die Tischlerarbeiten, die Gefäße im Officin, Materialkammer, Keller und Laboratorium wurden inzwischen nebst den notwendigen Drogenkräutern, Chemikalien und den erforderlichen Geräten bei den verschiedenen Lieferanten bestellt. Am 1. Juni [April] 1866 eröffnete ich, nachdem die Apotheke von der Revisions-Kommission in Salzwedel für betriebsfähig erklärt worden war.

Der Apotheker eines so kleinen Ortes hat auf viele Dinge zu verzichten. Zunächst dauert es einige Zeit, ehe man sich eingelebt hat. Dann ist die stete Gebundenheit, auch sonntags, auch bei Nacht muß der Apotheker dem Publikum zu Diensten sein. Einem Apotheker ohne Gehilfen war damals das Halten eines Lehrlings nicht gestattet. Der Verkehr mit den Ortsbewohnern war also sehr beschränkt. Ich half mir mit einem Burschen, der in der Apotheke die Gefäße abwischen mußte, Botengänge besorgte und mich abrief, wenn ich mal ausging. Ich erinnere mich, daß ich einmal, als ich beim Herrn Superintendant zu Gast war, mitten im Essen abberufen wurde, um nachher für einen Sechser Pfefferminztee zu verabreichen. Zur Kirche zu gehen war unter diesen Umständen ausgeschlossen.

Ein sehr schöner Park des Grafen v. d. Schulenburg-Beetzendorf stand jedermann offen und diente zu meinen Spaziergängen. Die beiden Pastoren, ein Rentmeister, der Arzt und der Gerichtsassessor waren die Leute, mit denen ich hätte verkehren sollen [wenn aber für mich Verkehr möglich ge] und mit denen ich durch die Umstände beschränkten Verkehr hatte.

Ich besorgte mir zur Aushilfe auf Monate einen Gehilfen, um mich mehr frei bewegen zu können, denn das Geschäft machte sich besser als vorher angenommen werden konnte, da der Arzt in der Umgegend viel zu tun hatte.

Bei Gelegenheit eines Essens bei einem unserer Pastoren lernte ich die Familie des Pastor Stüber in Groß-Apenburg, einem Flecken der näheren Umgebung, kennen. Dieser liebenswürdige Herr hatte Frau und vier Töchter, von denen mir die Jüngste, Pauline sehr gefiel. Sie wurde meine Frau.

Es war damals eine große Erregung in der pharmazeutischen Welt[28]. Die Tatsache, daß es den Herren mit zurückgelegtem Staatsexamen meist nicht möglich war, sich selbständig zu machen, da die Apotheken eben meist in festen Händen sich befanden oder nur zu hohen Preisen zu haben waren, gab zu vielen Vorschlägen Veranlassung, eine Änderung herbeizuführen. Die Freizügigkeit und die Gewerbefreiheit hatten vor dem Apothekerstand Halt gemacht. Die meisten Apotheken beruhten ja auf alten Privilegien, die anderen auf verkäuflichen Concessionen, welche von den Privilegien eigentlich nur dem Namen nach sich unterschieden. In diesem Streit der Meinungen vertrat ich meine Ansicht, indem ich vorschlug, die neu anzulegenden Apotheken als unverkäufliche Concessionen dem ältesten Bewerber zu übertragen. Concessionen, welche bei Invalidität des Besitzers oder im Todesfall an den Staat zurückfallen sollten, so daß mit der Zeit ein größerer Stamm solcher unverkäuflicher Apotheken sich bilden würde zu Gunsten der minder Begüterten. In diesem Sinne hatte ich schon früher eine Broschüre bei dem Verlagsbuchhändler in Coesfeld herausgegeben, jetzt vertrat ich in der pharmazeutischen Zeitung diese Ansicht.[29]

Von Seiten des damaligen Norddeutschen Apothekervereins wurde beschlossen, eine Neuregelung der Apothekenverhältnisse in die Wege zu leiten und zu diesem Behufe aus jeder Provinz Preußens zwei Abgeordnete durch die besitzenden Apotheker wählen zu lassen, die dann als sogenannte freie Kommission in Berlin getagt hat[30]. Als Vertreter der Provinz Sachsen wurde ich gewählt. Der Norddeutsche Apothekerverein bezahlte die Reise und die Diäten. Herausgekommen ist dabei nur wenig Material für die Regierung in Preußen. Es gab Herren, welche den Verkauf jeder zerkleinerten Droge, z. B. gestoßenen Pfeffers, den Apotheken vorbehalten wollten. Wegen einer Broschüre betreffend der unverkäuflichen Concession wurde ich heftig angegriffen und mein Antrag wurde nicht angenommen. Als wir auseinandergingen ließen wir uns noch auf zwei Tafeln photographieren. Die meinige schenkte ich später dem jetzt gegründeten Apothekenhaus in Berlin[31].

Die fortschrittliche Zeit ist über die Beschlüsse dieser freien Kommission hinweggegangen. Die Gewerbefreiheit hat namentlich mit dem Alleinverkauf der Arzneimittel aufgeräumt. Während früher der Kleinhandel mit arzneilichen Drogen nur den Apotheken gestattet war und z.B. die Tischler, welche zur Politur Aloe gebrauchen, diese nur aus der Apotheke beziehen konnten, wenn sie nicht wenigstens ein Pfund kaufen wollten, so wurde das nun anders, der Verkauf der einfachen Drogen erlaubt. Indeß fanden sie sich damit zu sehr beschränkt, es wurden ihnen einige gangbare Handverkaufsartikel gestattet, wie Hoffmannstropfen, Baldriantropfen, Kampferspiritus etc. Was ihnen nicht gestattet war, gestatteten sie sich selbst. Kam es zur Anzeige ihrer Übertretungen, so verfügten die Richter meist eine sehr geringe Geldstrafe, da sie den öffentlichen Nutzen des Verbotes nicht einsahen, ja es ist vorgekommen, daß derselbe Richter, welcher eben verurteilt hatte, als bald hinging und sich die verbotene Ware von demselben Drogisten holte.

Es kann darüber gestritten werden, ob es nötig ist, daß der Verkauf von Arzneimitteln auf die Apotheken beschränkt bleiben soll. Dafür spricht ja, daß die Apotheken unter staatlicher Kontrolle stehen und dadurch eine Sicherheit in Betreff der Güte und Reinheit der Arzneimittel gewährt wird. Andererseits behaupteten die Drogisten, daß ihre Waren ebenso gut seien und daß sie billiger wären. Ihre fortwährende Agitation bei den Behörden und dem Haus der Abgeordneten hat dann dazu geführt, daß nach und nach immer mehr freigegeben wurde und heute ist jedes Arzneimittel bei den Drogisten zu haben, nur die Anfertigung von Recepten ist noch den Apotheken vorbehalten, wenigstens auf dem Papier. Denn trotzdem wird rezeptiert, wenn das Publikum aus Irrtum sein Recept in den Drogenladen trägt. Mir ist es selbst begegnet, daß mein Sohn, vom Ausland zurückkehrend, eine Arznei mitbrachte, die er sich in Köln hatte machen lassen, und welche aus keiner Apotheke stammte. Dabei ist es feststehend, daß diese Arzneien stets nach der Preußischen Arzneitaxe bezahlt werden und es ein Irrtum ist, wenn das Publikum glaubt billiger in einem Drogengeschäft zu kaufen. Daß es aber Gefahr läuft, nicht die richtige Arznei zu erhalten, da der Drogist Morphium und dgl. stärker wirkende Dinge nicht haben darf.

Einen großen Nachteil haben die Apotheker erlitten, als die immer zahlreicher auftretenden Geheimmittel in fester Packung sich eingeführt haben. Nicht allein, daß diese sogenannten Patentarzeneien wie Uricedin Stroschein, Hämatogen Hommel, Carmol[32] u.s.w. von den Ärzten vielfach verordnet wurden und die Receptur zurückgeht, es ist vielmehr gegen den Verkauf außerhalb der Apotheken kaum etwas einzuwenden, da der Apotheker für den Inhalt der verschlossenen Flaschen nicht verantwortlich sein kann. Ebenso schädlich für den Apotheker sind die namentlich im Ausland viel fabrizierten Arzneitabletten, indem sie den Rückgang der Receptur ebenfalls veranlassen[33].

## Die Apothekenreformbewegung

*Die Apothekenführung mittels eines verkäuflichen und vererbbaren Privilegs sowie die strikte Beschränkung der Niederlassungsfreiheit mit dem Ziel, die Qualität der Arzneiversorgung für die Bevölkerung durch Schutz der Apotheke vor Konkurrenz zu gewährleisten, bildeten über sehr lange Zeit bewährte Konstanten des Apothekenwesens. Nachdem sich jedoch einige über Jahrhunderte relativ konstant gebliebene Bedingungen im 19. Jh. dramatisch änderten, griffen diese Regulative nicht mehr in der ursprünglich beabsichtigten und sinnvollen Weise. Der seit langem in etwa gleichbleibenden Anzahl von meist privilegierten Apotheken stand mit Beginn der Industrialisierung nun auf einmal ein gravierender Anstieg der Bevölkerung in den Städten gegenüber. Der Kundenkreis einer Apotheke vergrößerte sich damit, der Umsatz an Arzneimitteln stieg deutlich. Gleichzeitig kam eine im Vergleich zum 18. Jh. deutlich ansteigende Zahl von examinierten Apothekern hinzu. Sie wollten das Gehilfendasein schnell hinter sich lassen und strebten nach Selbstständigkeit in einer eigenen Apotheke. So kam es außerdem zu einer zunehmend stärkeren Nachfrage nach käuflich zu erwerbenden Apotheken.*

*Die mit einem vererbbaren und verkäuflichen Privileg geführten Apotheken vervielfachten im Verlaufe des 19. Jh. vor allem in größeren Städten binnen kurzer Zeit ihren Wert und manch eine war zum Spekulationsobjekt geworden. Wer als approbierter Apotheker nicht die Möglichkeit hatte, die Apotheke der Familie zu übernehmen, hatte daher gleich zwei Probleme: Einerseits war es vom Gehilfensalär immer weniger möglich, das Kapital zum Erwerb der immer teurer werdenden Apotheken anzusparen. Andererseits gab es aufgrund der zunächst relativ konstant bleibenden Apothekenanzahl auch wenig Gelegenheit, überhaupt eine Apotheke zu erwerben, selbst wenn das Kapital dafür vorhanden gewesen wäre.*

*In der Frage der Reform des bisherigen Apothekenwesens standen auf der einen Seite daher die Befürworter des Apothekenprivileges, meist Inhaber von vererblichen, veräußerbaren und damit geldwerten Privilegien, die auf die Unantastbarkeit ihres seit Alters bestehenden Rechtes pochten. Auf der anderen Seite gab es zahlreiche und meist wenig begüterte Apotheker/Gehilfen, die eine Erhöhung der Apothekenzahl und die Ablösung des Privilegiensystems forderten, um selbst ohne übertriebenen Kostenaufwand in den Besitz einer Apotheke kommen zu können. Angebot und Nachfrage klafften also zunehmend weiter auseinander.*

*Der häufige Besitzerwechsel in solchen Apotheken stand natürlich im Gegensatz zum medizinalpolitischen Interesse. Die verschiedensten Gesetzgebungsmaßnahmen des territorial zersplitterten Deutschland versuchten seit Beginn des 19. Jh., das Privilegiensystem durch die persönliche Konzession, die unverkäuflich und nicht vererblich nach dem Tode des Besitzers an den Staat zurückfiel, zu ersetzen. Dieser gesetzlich forcierte Versuch des Überganges vom althergebrachten verkäuflichen Apothekenbesitzrecht zur unverkäuflichen Konzession, wie sie bei Neuanlagen vom Gesetzgeber immer wieder unternommen wurde, blieb aber lange Zeit nahezu fruchtlos. Vor allem die Frage, wer für die geldwerten Privilegien, die bei einer Umstellung des Systems auf unverkäufliche Konzessionen entwertet würden, bereit sei, Ausgleich zu erstatten, verhinderte eine Veränderung des Systems.*

*Begünstigt durch zahllose Ausnahmeregelungen, die jeden neuen medizinalpolitischen Vorstoß meist schnell wieder außer Kraft setzten, erhielten sich aber nicht nur die Vererbbarkeit und Verkäuflichkeit des Privilegs. Gleichzeitig wurden auch zahllose persönliche Konzessionen schlussendlich doch nach wenigen Jahrzehnten zu vererbbaren und verkäuflichen Rechten, waren also letztlich wieder nahezu den althergebrachten Privilegien gleichgestellt. Die Vorschläge der in der Apothekenreformbewegung aktiven unterschiedlichsten Interessensgruppen zur Lösung des Problems reichten, je nach persönlicher Ausgangslage, vom Wunsch, alles beim Alten zu belassen über die Einführung einer gänzlichen Niederlassungsfreiheit bis hin zum anderen Extrem, einer Verstaatlichung aller Apotheken. Bis in die Mitte des 20. Jh. hielt sich ein Mischsystem aus vererblichen, verkäuflichen Privilegien und durch Gewohnheitsrecht verkäuflich gewordenen Konzessionen einerseits und wenigen unverkäuflichen Personalkonzessionen andererseits. Eine durchgreifende Neuregelung brachte schlussendlich erst die Gesetzgebung des Jahres 1960, welche die Niederlassungsfreiheit zur Folge hatte.*

Mit dem Schluß der Sitzungen in Berlin kehrte ich nach Beetzendorf zurück. Das Jahr 1866 hatte die Einverleibung des Königreichs Hannover in den Preußischen Staat zur Folge und die Preußischen Gesetze kamen auch für die Apotheken zur Geltung[34]. Die bisher unverkäuflichen Concessionen dort wurden verkäuflich. Es schien mir, daß ich von diesen verkäuflichen Apotheken wohl aus erster Hand zu mäßigem Preis eine größere würde bekommen können, wenn ich mein Geschäft verkaufen würde. Die stete Gebundenheit ohne Gehilfen ließ mich das wünschen, auch daß ich meine Kinder an diesem kleinen Ort nicht würde in eine bessere Schule schicken können, denn ich hatte inzwischen ein Söhnchen. Mein Schwiegervater versprach mich mit Geld beim Ankauf zu unterstützen. So begab ich mich auf die Reise, hörte in Hannover bei einem dortigen Großdrogisten, daß in Emden eine Apotheke zu verkaufen sei, welche sicher bei ordentlicher Verwaltung zu haben sein würde.

In Emden fand ich einen alten Herrn, Siebziger, welcher sich vom Geschäft zurückziehen wollte und gerne verkaufen mochte[35]. Ein Sohn und eine Tochter waren derselben Ansicht, da sie glaubten, ihr alter Vater sei nicht mehr im Stande das Geschäft zu führen. Man erbot sich in Liebenswürdigkeiten und der Sohn führte mich zu einem Bierhause, wo er mir versprach, in jeder Weise mir beim Kauf durch entgegenkommende Bedingungen behilflich zu sein. Ich machte zunächst zur Bedingung, daß ich, wenn ich 10 000 Thaler Anzahlung leiste, der Rest 5 Jahre unkündbar zu 4% stehenbleiben solle, worauf sofort eingegangen wurde. Wegen des Preises wurden 30 000 Thaler gefordert. Es war schwer [hierin] über den Preis zu entscheiden, da der alte Herr kaum ordentliche Buchführung hatte und dies damit zu entschuldigen war, daß er zu Hannoverscher Zeit nicht verkaufen konnte, eine ordentliche Buchführung für ihn weiter keinen Zweck hatte. Er gab an, was er in den letzten Jahren umgesetzt haben wollte, Ausgaben waren überhaupt nicht gebucht. Vorher anderweitig eingezogene Erkundigungen lauteten dahin, daß das Geschäft durch Mißwirtschaft heruntergekommen sei, daß es aber 30 000 Thaler wert und mit Bestimmtheit zu haben sei. So einigte ich mich mit ihm auf den Preis von 30 000 Thalern und schloß einen schriftlichen Vertrag, der den Verkäufer fest band, während ich mir die Entscheidung auf vier Wochen vorbehielt, da ich die Zustimmung meines Schwiegervaters haben und auch meine Apotheke verkaufen mußte.

So reiste ich denn nach Hause und begann sofort Verkaufsverhandlungen. Ich einigte mich mit dem sich meldenden Käufer über den Preis und die Anzahlung und erhielt für mein Haus und Geschäft, wobei ich die gut geführten Geschäftsbücher mit übergab das Siebenfache des Umsatzes bei 4 000 Thaler Anzahlung.

Sechstausend Thaler lieh mir mein Schwiegervater gegen hypothekarische Sicherheit auf die Apotheke in Emden und übliche Zinsen. Nun galt es die Apotheke in Emden noch vor der Übernahme zu studieren. Ich übersandte die abgemachte Anzahlung und kündigte meinen Besuch an. Die Übernahme sollte am 1. Juli 1869 stattfinden.

Da mein Nachfolger in Beetzendorf am 1. Mai übernehmen konnte, begab ich mich nach Emden und bat hier zunächst um Vorlage des zuletzt geführten Kassabuches, um wenigstens die Einnahmen des laufenden Jahre kontrollieren zu können. Die mir seinerzeit nachgewiesenen Einnahmen, wie sie Woche für Woche in einem kleinen Heft notiert waren, hatte ich mir aufgeschrieben und wollte die fehlenden Wochen nachtragen. Der Herr Apotheker brachte dann auch sein Buch herbei, konnte nicht sogleich den Tag finden, an welchem wir seinerzeit stehengeblieben waren und so forderte ich ihn auf, mit dem Januar zu beginnen. Gleich bei der ersten Zahl, die ich mit meinen Notizen verglich, ergab sich eine andere, niedere Summe, als er mir früher angegeben hatte, ebenso bei den folgenden Angaben seines Buches. Mich von der Richtigkeit zu überzeugen trat ich an ihn heran und als ich sah, daß er richtig gelesen hatte, nahm ich ihm das Kassabuch, ein Quartheft, fort und nahm es an mich. Er wollte es mir entreißen, ich warf ihn aber von mir und steckte das Buch ein. Da öffnete sich die Tür des Nebenzimmers und die Tochter, von dem Geräusch erschreckt, trat ein und rief: Was machen Sie mit meinem Vater! In diesem Augenblick warf sich der Alte vor mir auf die Knie und bat, daß ich ihn nicht anzeigen möchte. Ich beruhigte ihn, ersuchte ihn aber mir eine neue Faktur der Drogenhandlung von den letzten 2 Jahren vorzulegen, da der Verbrauch an Drogen mit dem Umsatz in einem bestimmten Verhältnis stehen müsse, um so den wahren Umsatz seines Geschäftes zu ermitteln. In einer der letzen Pharmazeutischen Zeitungen war dieses Verhältnis angegeben und diese Zeitung hatte ich bei mir. Wir begaben uns in ein anderes Zimmer, wo wir ungestört rechnen konnten, da die Fakturen der letzten Jahre vorhanden waren, und nach Schluß der Rechnung ergab sich, daß der Umsatz des Geschäftes bedeutend geringer als der von ihm seiner Zeit angegebene war, so daß der Wert der Apotheke auf 18 000 Thaler berechnet werden konnte. Ich bot nun 20000 Thaler, worauf Jener sofort einging. Der Vertrag wurde entsprechend geändert und der alte Herr bestand darauf, sofort beim Rechtsanwalt die Sache festzumachen. Beim Rechtsanwalt, einem alten würdigen Herren, hörten wir nun, daß er sonnabends solche Geschäfte nicht machen könne, wir möchten Montag wieder kommen. Ich übergab ihm mein Vertragsexemplar und wir gingen.

Am nächsten Morgen, es war ein Sonntag, begab ich mich nach dem weißen Haus, einem Gasthof, um zu frühstücken. Als ich zur Apotheke zurückkehrte, trat mir ein mit dem Hause befreundeter Arzt entgegen, der von mir die Geschäftsbücher verlangte, welche ich gestern an mich genommen hätte. Ich eilte in mein Zimmer, holte die beiden Schriftstücke heraus und versteckte sie unter meinem Rock. Dann begab ich mich hinunter um das Haus zu verlassen. Inzwischen hatte jener Arzt, welcher offenbar betrunken war, die Haustür verschlossen und wollte mich nur hinauslassen, wenn ich die »Bücher« herausgeben würde. Ich machte ihn darauf aufmerksam, daß die Preußischen Strafgesetze die Beraubung meiner Freiheit streng ahnden, indeß hatte ich damit keinen Erfolg. Die Tochter kam herunter und rief: In der Reisetasche sind die Papiere, die Magd stand in der Küchentüre, der Gehilfe an der Tür der Apotheke. Ich drohte das Fenster der Haustür einzuschlagen und mir Hilfe zu rufen. Als nichts weiterhalf, schlug ich mit der Faust das Fenster ein. Da bekam der Gehilfe einen Schreck, er kam mit dem Schlüssel und öffnete. Ich war frei und hatte die Schriftstücke bei mir. Ich begab mich in das Hotel, übergab dem Wirt meine Papiere zur Aufbewahrung und ersuchte den Apotheker um Auslieferung meines Reisekoffers, der Reisetasche und des Pelzes, welche Sachen noch zurückgelassen waren. Ich hatte keinen Erfolg. Endlich ging mir die Geduld aus. Nach zwei Tagen vergeblichen Unterhandelns schrieb ich, ich werde nach Aurich fahren und dort um Übertragung der Apotheken-Concession bitten unter Vorlegung meines Kaufvertrages. Ich riet dabei, sich einen Rechtsanwalt zu nehmen, mit dem ich unterhandeln wolle. Dies geschah dann, ich bekam vom Rechtsanwalt einen Brief mit der Bitte ihm Zeit und Ort zur Besprechung zu bestimmen. Ich hatte gesiegt. Der Anwalt war so vernünftig mein Recht anzuerkennen, nur verlangte er die Herausgabe der Geschäftsbücher, was ich ihm zugestand. Ein entsprechendes Protokoll wurde aufgenommen, ich bekam meine zurückgehaltenen Sachen und konnte vergnügt nach Hause reisen.

Nicht unbemerkt kann ich es lassen, daß die Häuser in Emden keinen Wert weiter haben als nach dem Ausspruch eines bekannten Bankiers dort, den Wert des Bauplatzes und des Bauschuttes. Emden ist in früheren Zeiten oft von der See überschwemmt worden, so daß die Wände der Häuser mit sogenanntem Salpeter durchzogen sind und man genötigt ist, die Tapeten auf gespanntes Leinen zu kleben. Leinen, welches mit der Zeit sich lockert und hinter dem eine Unzahl Wasserratten aus dem nahen Kanal ihr Wesen treiben. Als ich in meinem Schlafzimmer vor dem Spiegel stand bekam ich einen Schreck, denn der Spiegel schwankte wie bei einem Erdbeben. Der Spiegel war an der schwankenden Leinwand befestigt, wie auch alle Bilder. Nachdem die Siele gebaut wurden, sind die Überschwemmungen nicht mehr eingetreten.

[Die Übergabe der Apotheke sollte am 1. Juli geschehen. Es galt nun, meine Apotheke in Beetzendorf zu verkaufen. Auch dies gelang, da ich sie recht billig verkaufte. Ich bekam viertausend Thaler Anzahlung]

So zog ich denn Ende Juni nach drei Jahren Besitz von Beetzendorf weg. Den großen Wagen mit meinen Möbeln umstanden die Bewohner und man rief: Trichinenmann, Trichinenmann! Denn es war in jener Zeit aufgekommen Leute mit viel Geld so zu benennen[36].

Mit Frau und Söhnchen reiste ich nach Emden. Die Familie meines Vorgängers war wütend. Sie glaubten sich benachteiligt, obwohl die Apotheke den Umständen nach reichlich bezahlt war. Die Fensterläden waren bei meinem Einzug geschlossen. Die von mir seiner Zeit zerschlagene Fensterscheibe in der Haustür war noch in dem selben Zustand. Die verrotteten Dielen des besten Zimmers waren zertreten, die Tapeten mit Messern zerschnitten, alles Dinge, die ich ruhig wieder machen ließ. Die Dielen ließ ich zum Staunen der Vorübergehenden von einem »deutschen« Tischler aus Parkett ersetzen. Denn wir befanden uns nicht in Deutschland, sondern in Ostfriesland, eigentlich Holland. Die Fenster waren Schiebefenster, ohne Riegel und Griffe, vom Schiffszimmermann angefertigt. Wurde gelüftet, so schob man die untere Seite hoch und stellte eine Weinflasche oder dergleichen darunter. [Ich war der erste] Mein erstes war, ein Paar ordentliche Fenster in besagter Stube [machen zu lassen. Ein Tischler aus »Deutschland«] von dem deutschen Tischler machen zu lassen.

Das Haus bestand aus fünf Häusern, die zusammen geflickt waren und fünf verschiedene Dächer hatten. Zur Küche mußte man noch eine Treppe vom Erdgeschoß herunter gehen. Die Zimmer des oberen Stockwerks lagen nicht auf der selben Höhe, weshalb vom Hausflur aus zwei Treppen, links und rechts, hinauf führten. Die Apotheke war veraltet. Die gangbaren Gefäße waren im Laufe der Zeit zerschlagen und nicht ersetzt, die nicht gangbaren hatten sich erhalten. So fand sich z.B. ein Litergefäß zu Tinctura croci: Ein Schiebfenster, wie am Postschalter, war zur Bedienung des Publikums vorhanden. Der Gehilfe war geblieben. Es wurden Hoffmannstropfen verlangt. Hoffmannstropfen? rief der junge Mann, die sind nicht. Und er warf die Schalteröffnung zu. Sie haben keine Hoffmannstropfen? fragte ich. So mischen Sie doch welche. Ich bin nicht Defektor, war die Antwort, auch ist kein Äther da und kein Spiritus! Auch Haaröl wurde gefordert, konnte aber nicht gegeben werden. Es war kein Öl vorhanden.

Ich beschaffte eine ganz neue Apothekeneinrichtung, bestellte auch einen Dampfapparat, der im Laboratorio fehlte. Da ich hörte, daß Revision gewesen war und Nachrevision kommen sollte, bat ich bei der Kgl. Regierung in Aurich, die Nachrevision wegen Besitzerwechsel aufzuheben, indem ich versprach Alles in bester Ordnung herzustellen. Die Nachrevision kam aber doch, als ich eben mit der Herstellung der Officin fertig war und der Dampfapparat noch verpackt auf der Diele stand. Ich mußte diese Nachrevision sogar noch bezahlen.

Über meinen Vorgänger erfuhr ich noch, daß er früher in einem anderen Ort die einzige Apotheke gehabt hatte, es waren aber so viele Dinge vorgekommen, daß die Hohe Hannoversche Regierung ihm die Concession nahm und statt dessen die in Emden verlieh, wo er doch noch den Wettbewerb mit noch zwei anderen Apotheken habe und also weniger schaden könne. In der früheren Apotheke war nämlich durch eine Verwechslung von Herba Trifolii (Dreiblatt) mit Fol. Belladonnae verschiedene Vergiftungen vorgekommen. In jener Gegend herrscht Fieber, wogegen Aufguß von Dreiblatt gebraucht wird. In Emden kam eine Vergiftung durch Atropin vor, in Folge derer dem Besitzer aufgegeben wurde sich einen examinierten Herrn als verantwortlichen Apotheker zu halten. Die Kundschaft ging natürlich unter diesen Umständen zurück.

Um mich möglichst in die mir fremden Verhältnisse einzuleben, veranlaßte ich einen früheren Gehilfen durch Angebot eines damals hohen Gehaltes bei mir einzutreten. Durch diesen erfuhr ich dann, daß mein Vorgänger sich in seinem Geschäft nicht sehen lassen durfte. Aus Geiz hielt er in der letzten Zeit keinen examinierten Herrn. Bei der Beschaffung der nötigen Waren kam es stets zu Streit. Hatten die Gehilfen einen teuren Gegenstand, wie Chinin, Bergamottöl u.s.w. auf die Defekttafel Behuf Anschaffung geschrieben, so wurde das ausgelöscht und mußte nachher in kleinen Quantitäten aus einer anderen Apotheke geholt werden. Die Gehilfen schrieben diese Notizen mit Datum in ihr Notizbuch, um beweisen zu können, daß sie zur rechten Zeit angeschrieben hatten. Daß der Alte Chinin aus Zucker und Aloe hergestellt habe wurde ihm nachgesagt, ich kann es aber nicht glauben.

Das Geschäft ging im ersten Jahr recht schlecht, so daß ich mir Geld borgen mußte, um bestehen zu können. Nachdem ich aber mit dem Gehilfen bei den

Landwirten der Umgegend, früheren Kunden, Besuch gemacht hatte und sich mein Ruf als tüchtiger Apotheker befestigt hatte, ging es besser. Ich wurde Mitglied der Gesellschaft »tut nut vant allgemeen«[37], zu welcher die sämtlichen Honoratioren gehörten, bei denen dann mit Wagen und Lohndiener Besuch gemacht werden mußte. Die Gesellschaft besaß ein Klublokal, in welchem Abends die Mitglieder sich einfanden. Ihre langen Pfeifen fanden sie dort vor und da wurde dann geraucht und Whist gespielt. Eine andere Gesellschaft der ich auch beitrat, war die »Kunst«, das war eine Sammlung von alten Gemälden, welche von der Gesellschaft angekauft waren, um sie der Stadt zu erhalten. Die Sitzungen waren wöchentlich und oft recht interessant[38].

Ich bemühte mich, mich in die Verhältnisse einzuleben, hielt Vorträge in der »Naturforschenden Gesellschaft«[39], deren Ehrenmitglied ich wurde, wurde Mitglied der Armenkommission, Mitglied des Aufsichtsrates der Genossenschaftsbank und später der Heringsfischereigesellschaft. Ebenso war ich Mitglied der Loge »Zur Ostfriesischen Union«, der ich bis zu meinem Abgang von Emden als Sekretär angehörte[40].

Das Haus baute ich um, indem ich die Küche mit dem ganzen Hausabteil höher legen ließ und so das obere Stockwerk beider Vorderhäuser auf gleiche Höhe brachte. Es geschah dies durch Emporschrauben des Hausteils. Bei dieser Gelegenheit wurde unter der Küche ein großer Keller entdeckt, der mit Sand gefüllt war, vermutlich um der steten Überschwemmung des Kellers zu begegnen. Ich ließ den Sand ausgraben und nahm den Keller in Benutzung.

In Folge einer Anfrage der Kgl. Regierung in Aurich ließ ich auf Insel Borkum eine Filiale entstehen[41], geöffnet während der Badezeit, wobei ich zur Bedingung machte, daß die Insel den Apotheker bezahlte, so daß ich für meine Unkosten gedeckt war. Als die schlauen Insulaner nach dem zweiten Jahr kein Geld mehr zahlen wollten, schloß ich die Apotheke. Darob großes Klagen der Badegäste, die ihre Apotheke wieder haben wollten. Dann ein Rüffel von der Regierung, daß ich ohne ihre[n guten Rat] Zustimmung gehandelt hatte. Endlich der Beschluß der Borkumer, im nächsten Jahr wieder zu zahlen, womit der Friede wieder hergestellt war. Einen finanziellen Vorteil hat die Filiale nie gebracht, denn damals war der Besuch der Insel nur gering, der eine Arzt fühlte sich benachteiligt, da er nicht mehr Arznei ausgeben durfte und verschrieb nichts. Zudem waren in jedem Jahr für die paar Monate andere Verwalter da, die mehr Vergnügens halber als wegen der Verwaltung sich dort aufhielten.

Das Leben in Emden war für uns nicht sehr angenehm. Wir fühlten uns im Ausland. Die Gewohnheiten der Ostfriesen wichen von den unseren wesentlich ab. Schon die Sprache! Dieselbe war fast Holländisch, so daß wir erst Zeit gebrauchten, zu verstehen und mit den Dienstboten uns zu verständigen. Der Hausknecht, der auch die Arzneien austragen mußte, diente als Dolmetsch. Dann das Trinkwasser. Brunnen gab es nicht, das Regenwasser wurde in Cysternen im Keller (Regenbruken genannt) gesammelt und das diente zum Kochen und Waschen, auch zum Trinken. Es schmeckte fade und so trank man meist Tee. Der Ostfriese trinkt schon morgens Tee, mittags eine volle Stunde nach dem Essen, in dieser Zeit wird nichts getan. Abends trinkt man Kaffee. Die Damen, wenn sie meine Frau zum Kaffee einluden, sprachen Anfangs Deutsch, bald aber wurden sie munter und sprachen dann ihr ostfriesisch Platt, was meine Frau nicht verstand. Alle Dinge waren anders als in Deutschland, oder hießen wenigstens anders. Schlittschuhlaufen z. B. hieß up schöfeln gaan, ein Trockengestell hieß rackje, die Fenster wurden nicht geputzt, sondern von der Straße aus mit einer Spritze abgespritzt.

Es war damals Militär in Emden und wir hatten oft Gartenkonzerte der Militärmusik. Diese Konzerte waren aber nicht besucht, weil sie am Nachmittage nur die übliche Teestunde störten. Außerdem ist der Ostfriese nicht musikalisch, ein altes Wort heißt: frisia non cantat. Die Beamten und Offizieren waren Deutsche, auch die Bankvorsteher, der Buchhändler u.s.w., aber sie hielten nicht zusammen.

Das Geschäft nahm in jedem Jahr mehr zu, es hatte aber auch Schattenseiten. Die Landwirte, dort Bauern genannt, hatten die Eigenheit, ihre Rechnungen erst nach zwei Jahren zu bezahlen. Jeder wollte persönlich mit Namen genannt sein, es war mehr ein freundschaftlicher Verkehr, dieser Geschäftsverkehr mit Händedrücken und Unterhaltung, was mich nötigte die Sprache zu lernen, was mir recht schwer wurde. Auch mein Personengedächtnis unterstützte mich nicht, da mußte ich mich auf die Gehilfen verlassen. Ich nahm deshalb nur Ostfriesen. So kam es, daß ich dem Wunsch meiner Frau nachgab und zu verkaufen suchte. Wir wollten möglichst wieder nach der Provinz Sachsen, unserer Heimat.

Nachdem ich neun Jahre die Apotheke besessen hatte, verkaufte ich. Das Geschäft war in dieser Zeit bis auf den dreifachen Umsatz gestiegen und ich konnte es billig und dennoch mit großem Nutzen verkaufen. Dem Käufer übergab ich meine ordnungsgemäß geführten Geschäftsbücher und hat er mir später noch seine Zufriedenheit brieflich ausgesprochen.

Das Apotheken häufig mit Nutzen verkauft werden wird vielfach von Laien sowohl wie von Medicinalbeamten und Ärzten als ungehörig kritisiert[42]. Dem Käufer wird dann ein übles Ende prophezeit, während doch oft ein späterer Verkauf noch höheren Preis erzielt. Es ist ja selbstverständlich, daß ein Geschäft durch mancherlei Umstände steigen kann. In meinem Fall war es ein total heruntergekommenes Geschäft, das durch ordentliche Führung einen dreifachen Wert gewann. Sonst kann aber auch die Zunahme der Bevölkerung einen vermehrten Geschäftsgewinn verursachen. Als ich am Rhein conditionierte waren die gangbaren Handverkaufsartikel zu zwei und vier Pfennig abgefaßt vorhanden, entsprechend der bisherigen Kreuzer-Währung. Späterhin mit Einführung der Deutschen Münze war der halbe und ganze Groschen die klügste Bewertung. In den alten Provinzen wurde häufig für einen Dreier gekauft, jetzt ist der Groschen dafür eingetreten. Schon diese Umstände brachten eine Vermehrung des Umsatzes und höhere Preise der Apotheken mit sich.

Ich war jetzt mit größerem Kapital in der Lage, ein größeres Geschäft zu kaufen und ging nach Braunschweig, die Gelegenheit abzuwarten. Meine Zeit zu nutzen nahm ich dort an der Hochschule als eingeschriebener Schüler teil und zwar belegte ich chemische Vorlesungen bei Professor Otto[43].

Meine Bemühungen, in der Provinz Sachsen eine Apotheke zu erwerben, blieben ohne Erfolg. Es war gerade eine Zeit [in welcher] mit wenig Angebot. Endlich wurde mir eine Apotheke in Hamburg angetragen, mit Garten und günstigen sonstigen Bedingungen, die ehemals Schickedanz'sche Apotheke auf den Neuen Pferdemarkt[44]. Ich wurde mit dem Besitzer einig, obwohl es mir nicht gefiel, daß die Buchführung eine mangelhafte war und namentlich der Ausweis der Ausgaben völlig fehlte. Dagegen war der Hypothekenstand sehr günstig, die Hypotheken, der Witwe Schickedanz gehörig, waren unkündbar und wurden nur durch jährliche Abzahlungen amortisiert. Daß ich diese Abzahlungen würde leisten können, wenn der Umsatz richtig angegeben war, schien mir unbedenklich. So übernahm ich die Apotheke im Oktober 1878 und zog mit der inzwischen angewachsenen Familie, drei Knaben und zwei Mädchen, und meiner Frau in mein neues Heim[45].

In Hamburg fand ich wieder andere gewerbliche Verhältnisse vor. Die Berechtigung zum Apothekenbetrieb beruhte auf persönlicher Concession, welche mir vom Senat der Stadt Hamburg auf Grund meiner Approbation erteilt wurde[46]. Das Studium der betreffenden Gesetze zeigte mir, das die Erteilung der Concession nicht, wie in Preußen, eine Folge meines Kaufcontraktes war, es konnte bei einer Änderung der Gesetzgebung auch anders kommen. Dagegen waren die Apotheker Hamburgs im Medicinalamt durch einen Beisitzer vertreten, waren also besser dran als in Preußen, wo der Medicinalrat und sämtliche Räte in Medicinalsachen [nur] Ärzte sind.

Mein Vorgänger war Katholik, Rheinländer, der, selbst ohne größere Mittel, die Apotheke vor zwei Jahren zusammen mit einem vermögenden Kollegen gekauft hatte und diese zuletzt allein besaß. Er verdiente dabei 20 000 M. und hatte offenbar nur zu dem Zweck des Wiederverkaufs das Geschäft übernommen.

Kaum machte ich bei den Ärzten meines Bezirkes Besuch, da hörte ich dann, daß dem Herrn nicht zu trauen sei, daß ich mich in die Nesseln gesetzt hätte u. dgl. Auch im Apothekerverein war ein Kollege so freundlich in ähnlichem Sinn zu berichten. Ich wurde um so mehr ängstlich, als ich vernahm, daß eine Apotheke des mir gegenüberliegenden Altona dicht an die Grenze gelegt werden sollte, was auch später geschah. So begann ich mein Geschäft mit schweren Sorgen.

Das Haus hatte einen großen, durch einen Torweg abgeschlossenen, unbenutzten Raum, eine Art Scheune durch welchen ein darüberliegendes Zimmer stark abgekühlt wurde, so daß es im Winter fast nicht zu heizen war. Ich ließ daher diesen Raum ausbauen, mit einem hervortretendem Teil im Vorgarten, so daß ich oben einen prächtigen großen Balkon gewann, während ich den gewonnenen Raum als Laden einrichten ließ. Ich wollte zur Vergrößerung meines Geschäftes eine Drogenhandlung einrichten.

In Braunschweig hatten wir die Bekanntschaft eines Drogisten gemacht, der in einem dortigen Großhause angestellt war. An diesen schrieb ich, ob er jemanden wisse, der mir ein Drogengeschäft einrichten könne. Er erbot sich dazu, da er ohnehin seine Stellung aufgeben wollte. Es wurde also abgemacht, daß er bei mir so lange als Receptar eintreten solle, bis die Bestellungen für das Drogengeschäft eingegangen seien und daß er dazu seinen sachverständigen Rat geben sollte. Es stellte sich indeß heraus, daß der Herr in seiner Stellung als Lagerverwalter keine dienlichen Kenntnisse für ein Detaildrogengeschäft erworben hatte, und auch als Receptar war er nicht zu gebrauchen. Wir schieden also wieder von einander und ich bewarb mich durch die Zeitung um einen Drogisten. Es meldete sich ein Herr mit vorzüglichen Zeugnissen, die er mir in Abschrift einsandte, den ich nahm. Das Drogengeschäft wurde eingerichtet, es kam aber nur sehr wenig Kundschaft. Der Herr Schild, wie ich ihn nennen will, schlug mir vor, für mich Geschäfte an der Börse zu machen. Er könne in Lübeck billig Waren beziehen, die er dann an der Börse mit Vorteil verkaufen wollte. Er bezog also in größeren Quantitäten Chinin, Opium u.s.w. und ich schickte den Betrag sofort ein, der Verkauf an der Börse machte sich, so daß ich den Herrn Schild gewähren ließ. Das Detailgeschäft ging ja nicht. Ich bezog auch Rhabarber in Kisten, Chinarinde, Vanille, Zitronenöl und dgl. von Hamburger Großhäusern und setzte durch Anzeigen in der Pharmazeutischen Zeitung an die Kollegen ab. Inzwischen fiel es mir auf, daß Herr Schild immer nur von einer Firma Meyer & Comp. in Lübeck bezog, und daß seine sonstigen Leistungen den mir vorgelegten Zeugnissen gar nicht entsprachen. Eine solche Zeugnisabschrift schickte ich an den Aussteller und erhielt die Antwort, daß er das nicht geschrieben habe. Auf meine Anzeige bei der Polizei wurde mir gesagt, da die Sache länger als ein Vierteljahr her sei, sei sie verjährt, also dieser Betrug straflos. Ich fuhr jetzt nach Lübeck, die Firma Meyer & Comp. aufzusuchen. Eine solche Firma gab es dort nicht. Die Waren waren bei einem dortigen Großhaus von einem mit Schild einverstandenen Angestellten gestohlen und das Geld wurde auf der Post auf den Namen Meyer & Comp. abgeholt. Damit war mein Experiment mit einem Detaildrogengeschäft beendet. Schild wurde entlassen. Da ich aber die von mir bezahlten aber von dem Verkäufer offenbar gestohlenen Waren noch einmal hätte bezahlen müssen, wenn ich Anzeige gemacht hätte, unterließ ich weitere Schritte.

Inzwischen war auch noch eine zweite Apotheke mir gegenüber in Altona errichtet worden. Eine andere auf Hamburger Gebiet wurde ebenfalls geplant und dann auch errichtet, welche mir schaden mußte. Ich hatte überhaupt verschiedenes Pech. Ich machte auch Selterswasser in Siphons. Die Kohlensäure wurde aus Kreide und Schwefelsäure in einem Kessel entwickelt. Eines Tages hatten die Arbeiter einen Hahn am Kessel verkehrt behandelt, der Verschluß wurde durch den Überdruck der Kohlensäure herausgeschleudert. Ich kam gerade dazu, als der eine Arbeiter am Bauch getroffen zusammensank, während die Schwefelsäure gleich einem Springbrunnen herausstürzte. Glücklicher Weise erholte sich der junge Mann am anderen Tage ohne weitere Folgen.

Ein ander Mal sitze ich in meinem Kontorzimmer mit einem Geschäftsreisenden, als es einen furchtbarer Krach im Laboratorium gab, das gerade unter meinem Zimmer sich befand. Ich stürzte hinaus und an der Treppe kommen mir die Flammen entgegen. Die alarmierte Feuerwehr löschte indeß bald. Ich hatte näm-

## Mineralwasserherstellung

*Die Möglichkeit zur Darstellung künstlicher Mineralwässer war ein direktes Ergebnis der Fortschritte auf dem Gebiet der anorganisch-analytische Chemie in der zweiten Hälfte des 18. Jh. Unter anderem beschäftigen sich A. S. Marggraf (1709–1782), J. F. Westrumb (1751–1819) und J. B. Trommsdorff (1770–1837) eingehend mit der Analyse natürlicher und der Perfektionierung der Darstellung künstlicher Mineralwässer. Liebigs »Handwörterbuch der reinen und angewandten Chemie«, 1842–64, vermerkt zur erstmaligen Aufnahme des Stichwortes »Mineralwasser«: »Theils wissenschaftliches Interesse, theils das Bedürfnis, den fern von Heilquellen Wohnenden die Möglichkeit zu bieten, sich ihrer Wohltaten erfreuen zu können, haben auf den Gedanken geführt, die Mineralwasser auf künstlichem Wege nachzubilden…«. Ausgehend vom ersten darauf spezialisierten Herstellungsbetrieb, der »Königlich Sächsischen concessionierten Mineralwasseranstalt« des Arztes und Apothekenbesitzers A. F. Struve (1781–1840) im Jahre 1820/21 in Dresden, entstanden vielerorts ähnliche Fabrikationsanlagen. Zur Nebenproduktion für Direktverkauf besaßen auch zahlreiche Apotheken, wie eben die von Apotheker Hasse, Apparate zur Anfertigung künstlicher Mineralwässer. Bei der Herstellung kam es immer wieder zu Unglücksfällen, wie sie auch Hasse schildert.*

lich ein größeres Quantum Extrakt Filix durch Ausziehen mit Äther gemacht und dieser [Auszug] Äther sollte durch Abdestillation [des Äthers] wieder gewonnen werden. Ich hatte angeordnet, daß vorher alles Feuer unter dem Dampfkessel herausgenommen werde und daß die Arbeit selbst erst am Montag unter meiner persönlichen Aufsicht vorgenommen werde. Statt dessen hatte der Gehilfe, in seiner Selbständigkeit gekränkt, ohne mein Wissen die Arbeit am Sonnabend unternommen. Er behauptete ja, das Feuer sei vollständig beseitigt gewesen. Ob nun doch ein Funke die herausstürzenden Ätherdämpfe entzündet hatte, oder, was ich jetzt eher annehme, ob die Reibung der destillierenden Äthermassen an der Glaswand des Abflußrohres Elektrizität erzeugte, das Laboratorium war plötzlich ein Feuermeer, aus welchem der Gehilfe sich unter Verlust eines Ohres rettete. Er hat nachher auf meine Kosten im Krankenhaus gelegen und tat später wieder Dienst.

Auch eine Vergiftung mit Morphium kam vor. Ich hatte, Ersparnis halber, für die Nachmittage, an denen der Receptar keinen Dienst hatte, einen jungen Apotheker engagiert, der im Militärlazarett in Altona seinen Dienst als Einjähriger versah und nachmittags frei war. Dieser Herr hatte das Examen mit No. 1 gemacht. Als ich einst den Besuch eines Kollegen erhielt und mit diesem oben in meinem Zimmer mich bei einer Flasche Wein über eine ihn interessierende Angelegenheit unterhielt, war es geschehen. Der Herr hatte für eine Wöchnerin [ein Recept] [Arzney] Tropfen mit Morphium angefertigt, [eine Arznei gegen] eine größere Flasche für deren kleines Kind, das an Husten litt. [In der Arznei für die kranke Frau war Morphium, das Kind bekam] Der Herr verwechselte aber die Signaturen. Er band die Signatur der Arznei für die Frau an die Kinderflasche und an die andere mit der Vorschrift Eßlöffelweise zu nehmen. Nun hätte die [Kinderfrau] Krankenwärterin ja sich sagen müssen, daß man aus einer kleinen Flasche keine Eßlöffel und aus einer großen Flasche nicht Tropfen nimmt. Aber sie gab der Frau tropfenweise aus der Arznei für das Kind und dem Kind einen Eßlöffel von den Morphium-Tropfen. Als die Wirkung eintrat wurde der Arzt geholt, doch vergebens. Der Tod trat am anderen Morgen ein. Jetzt erfuhr ich die Geschichte. Der junge Mann war natürlich sehr niedergeschlagen, ich tröstete ihn so gut es ging, führte ihn in ein Restaurant, verbürgte mich bei der Staatsanwaltschaft für ihn, daß er auf freiem Fuß bleiben konnte. Zum Dank hat er dann bei der Untersuchung den Versuch gemacht, mir die Tat zuzuschieben, was natürlich vergeblich war. Er bekam sechs Wochen Gefängnis, da seine vorgesetzten Stabsärzte ihm ein gutes Zeugnis gaben[47].

Auch in meiner Familie hatte ich Unglück. Ein sehr hübscher in Hamburg geborener Knabe starb an Lungenentzündung[48]. Mein zweiter Sohn Emil von 8 Jahren bekam am linken Fuß eine bösartige Geschwulst, welche ein Jahr lang behandelt und schließlich mit Abnahme des halben Fußes geheilt wurde.

Als ich eines Abends im Hamburg-Altonaer Apothekerverein mich befand, wurde uns von dem damaligen Mitglied des Medicinalkollegiums, Oberdörffer[49], offiziell mitgeteilt, daß wir Hamburger demnächst die Preußische Arzneitaxe erhalten würden, alle Schritte dagegen sein vergeblich gewesen[50]. Die Hamburger Arzneitaxe war aber damals 30 v.H. höher als die Preußische, so daß ich bei meinem hauptsächlich auf Recepturen angewiesenen Geschäft einen bedeutenden Verlust herausrechnen konnte. War ich bisher mit den Bilanzen meines Geschäftes zufrieden, denn ich konnte leben und die halbjährig fälligen Abzahlungen mit je 2000 M. leisten, so mußte ich mich nun sorgen, daß das mit der Einführung der Preußischen Arzneitaxe nicht mehr der Fall sein könne. Hatte ich von

Anfang meines Besitzes stets schweren Geschäftssorgen gehabt, so war diese Sache geeignet, mich ganz zu verwirren. Ich sah voraus, auch dieses Geschäft nicht halten zu können.

In dieser Zeit bekam ich Besuch eines jüdischen Geschäftsreisenden, der mir die Mitteilung machte, daß dem Besitzer einer Hamburger Apotheke in der Vorstadt St. Georg, ich will ihn Reimeri nennen, die Möbel abgeholt worden seien, Schulden halber[51]. Sein Geschäft müsse verkauft werden. Da kam mir der unglückliche Gedanke, mein Geschäft zu verkaufen und dagegen dies Geschäft zu erwerben, welches derartige Abzahlungslasten nicht haben werde. Ich wollte gern in Hamburg bleiben, wo meine Kinder die Schule besuchten und es mir auch sonst recht gut gefiel. Erkundigungen ergaben, daß Herr Reimeri zuerst eine Apotheke auf dem Gänsemarkt besessen habe, dort sei aber so wenig zu tun gewesen, daß er von der Behörde die Erlaubnis bekommen habe, die Apotheke nach St. Georg[52] zu verlegen. Während er dort kaum zehn Recepte täglich hatte, waren es hier mindestens dreißig. Er hatte zu diesem Zweck ein sehr teures Eckhaus gekauft mit vielen Mietern, eine ganz neue, schöne Einrichtung beschafft, aber nun war ihm das Geld ausgegangen.

Ich versprach dem Reisenden 500 M., wenn er mir zu dem Geschäft verhelfen könne und gab gleichzeitig den Verkauf meines Geschäftes einem Makler auf. Für mein Geschäft fand sich ein Käufer, der allerdings sehr handelte in Bezug auf die Anzahlung und den Preis, so daß ich diesem um 6 000 M unter Selbstkostenpreis nachließ, der Bedingung eines anderweitigen Ankaufs.

Inzwischen sah ich mir die Engel-Apotheke in St. Georg an und lernte auch Herrn Reimeri kennen. Dieser Herr machte auf mich den Eindruck eines leichtsinnigen Verschwenders, der sich um sein Geschäft nicht kümmern konnte, weil er meistens mit seinen Freunden im Weinhause saß. Meine Bedenken in Betreff der 11 000 M Miete des Hauses zerstreute er damit, daß er nur eine Wohnung habe leer stehen gehabt und daß er für drei Jahre die Miete garantiere. Als Preis war er mit dem achtfachen des nachzuweisenden Umsatzes einverstanden. Er hatte zwei Gehilfen. Ich hörte, daß ein Platz in der Nachbarschaft noch bebaut werden sollte und daß kürzlich ein Wochenmarkt genehmigt sei, bei dessen Eröffnung Herr R. die Marktweiber mit Champagner traktiert habe. So konnte ich annehmen, daß das Geschäft mit der Zeit sich bessern werde. Ich beauftragte den erwähnten jüdischen Geschäftsreisenden die Sache in Ordnung zu bringen. Dieser bestellte mich abends in ein Bierhaus, wo er mich abrufen werde, wenn R. zu Hause sei und geneigt zum Verkauf. Ich mußte mehrere Stunden warten und

*Die Engel-Apotheke Hamburg war von 1882–1883 im Besitz von Carl Georg Hasse »Ein sehr teures Eckhaus, mit vielen Mietern, eine ganz neue Einrichtung«.*

es wurde schon zehn Uhr ehe ich abgerufen wurde. Wir begaben uns in die Privatwohnung des Herrn R., wo wir sogleich mit Wein empfangen wurden und der Verkauf kam zustande. Am nächsten Tag begab sich Herr R. mit mir zu einem Rechtsanwalt, wo die erteilte Aufnahme stattfand. Der Rechtsanwalt kannte den Herrn R. und bescheinigte notariell dessen Verhandlungsfähigkeit in dem Kaufakt. Ich übernahm sofort nach geleisteter erster Anzahlung, während mein Nachfolger erst einen Monat später mein Geschäft übernehmen konnte, so daß ich für einen Monat zwei Geschäfte besaß. Der Kaufpreis wurde wie abgemacht durch Rechnung aus dem Umsatzbuch des Herrn R. von einem Hausmakler festgestellt. Es ergab sich, daß R. für 60 000 M Gewinn Hypotheken bekam, welche zehn Jahre fest gemacht wurden. Abzahlungen waren nicht.

Die beiden Gehilfen des Herrn R. blieben, es zeigte sich indeß bald, daß für zwei nicht genug zu tun war. Außerdem waren beide von R. beim Wein bearbeitet worden, als wenn ich nichts zu sagen hätte und sie gingen. Ich machte das Geschäft nun allein mit einem neuen Receptar. Meine Mieter zogen sämtlich aus, es waren Schauspieler und Sänger und es zeigte sich, daß es gar nicht leicht war zu vermieten, da die Wohnungen von der Sonne zu leiden hatten. Hypotheken-Zinsen hatte Herr R. auch nicht bezahlt, so daß ich gleich eine Menge Geld los wurde. Wo R. das Geld, was er von mir als Anzahlung erhielt, gelassen hat, war schwer zu sagen, genug, daß seine Sachen noch auf dem Bahnhof gerichtlich gepfändet wurden, denn er hatte bei gutem Leben nicht die Gewohnheit zu bezahlen. Sogar noch vor dem ersten Abzug hatte er sich bei dem ersten Schneider mehrere Anzüge auf Borg machen lassen. So kam er ziemlich ohne Mittel mit Frau und Kindern in Berlin an und wurde zuletzt von den Ärzten für irrsinnig erklärt und auf Kosten der Stadt Berlin einer Irrenanstalt überwiesen.

Mit meinem Geschäft ging es zunächst schlecht. Es entsprach nicht den Erwartungen. Die Miete war mir zwar garantiert, aber da die Wohnungen leer blieben, mußte ich die Hypotheken-Zinsen doch vorschießen. Während die Kundschaft am Neuen Pferdemarkt aus gut und willig zahlenden Arbeitern bestand, waren hier vornehme Leute, welche um Pfennige knauserten und dabei große Ansprüchen machten, meist auch anschreiben ließen. Ich sah auch keine Besserung, denn der Wochenmarkt war nur wenig besucht und von Bautätigkeit in der Umgebung war nichts zu merken. Schon nach einem halben Jahr war ich die Sache satt. Als mir ein Apotheken-Makler ein gutes Geschäft in Mecklenburg - Schwerin anbot und zugleich einen Käufer für Hamburg hatte, ging ich mit ihm nach Schwerin.

Ehe ich Hamburg verlasse, möchte ich noch auf die Verhältnisse dort zurückkommen. Als Hausbesitzer mußte ich Hamburger Bürger werden. In einem magisch erleuchteten Saal leistete ich in Gegenwart der Senatoren den Bürgereid. Es war sehr feierlich, der Sache angemessen. Die Apotheken Hamburgs beruhen, wie schon erwähnt, auf persönlicher Concession. Die Apotheken sind verkäuflich. Zur Zeit der Franzosenherrschaft gab es freie Niederlassungen und es entstanden eine Unzahl von Apotheken, viele recht minderwertig. Vom Franzosenjoch befreit wurde große Revision gehalten und eine Anzahl minderwertiger Apotheken geschlossen. Es sollten nur 24 Apotheken bestehen bleiben und diese Zahl auch nicht vermehrt werden[53]. Dem Bedürfnis neuer Stadtteile wurde dadurch Rechnung getragen, daß Apotheken aus den Innern der Stadt mit geringem Verkehr die Genehmigung zur Verlegung in eine bessere Gegend erhielten. Es gab keine Uniformen, die Beamten erschienen in bürgerlicher Kleidung im Amt. Viele Ämter waren Ehrenämter. So wurde mir das Amt eines Schulvorstehers. Die

Schulen waren gut und boten Unterricht in allen Fächern, namentlich Sprachen, Mathematik und Naturwissenschaft. Da aber die Schulpflicht mit 14 Jahren aufhörte und die meisten Schüler mit diesem Jahr die Schule verließen, hatten nur wenige den Vorteil. Die Disziplin mußte ohne Körperstrafe erhalten werden, sogar Ohrfeigen waren nicht erlaubt.

Das Medicinalkollegium bestand natürlich aus Ärzten, denen aber ein Apotheker als vollgültiges Mitglied beigeordnet war, so daß die Apotheker Vertretung und Schutz ihrer Angelegenheiten fanden[54]. Eine Revision meiner Apotheke durch den Physikus und einen Apotheker hat mir gezeigt, wie revidiert werden muß. Der Physikus überließ dem sachkundigen Apotheker völlig diese Angelegenheit und dieser untersuchte gründlich, kein Kasten blieb ungeöffnet, die meisten Präparate wurden geprüft. Und das alles geschah an einem Nachmittag in sachlicher Weise, ohne die Kleinkrämerei, wie sie in Preußen üblich ist. Wie ich bereits erwähnte, war die Arzneitaxe etwa 33 v.H. höher als in Preußen. Mir gegenüber war die Altonaer Grenze. Dennoch schadeten die zwei dort neu angelegten Apotheken mir nichts, denn der Hamburger kauft nicht in Altona. Das duldet sein Bürgerstolz nicht.

Oft habe ich es bereut, mein Geschäft am Neuen Pferdemarkt verkauft zu haben. Ich war aber durch die verschiedenen Aufregungen so geängstigt, daß ich wohl fast unzurechnungsfähig war. Die gefürchtete Herabsetzung der Arzneitaxe kam nicht, wenigstens nur tropfenweise[55]. Dagegen wurde in jener Gegend viel gebaut. Hagenbeck[56], mein Nachbar, zog mit seinen Tieren weg, es entstanden auf dem großen Terrain gut bewohnte Häuser und die auf die Apotheke angewiesenen Einwohnerzahl stieg nachhaltig. Die Angst, einmal meine Abzahlung nicht mehr leisten zu können, war unnötig. Dagegen waren die wirklichen Nöte des Hauses in St. Georg in Bezug auf die ausfallenden Mieten und die Beschaffung gekündigter Hypotheken sowie schlechten Geschäftsganges der Apotheke mir sehr störend. Ein Vorschlag des Apotheken-Maklers in Schwerin, der schönen Hauptstadt Mecklenburgs, mich anzukaufen, wenn er meine Apotheke verkaufen könne, wurde von mir freudig begrüßt. Es fand sich ein sehr wohlhabender älterer Herr, der in St. Georg kaufen wollte. In Schwerin wurde ich mit dem Besitzer einig. Die Apotheke war am Marienplatz gelegen, ein gutes Haus, zweckmäßige Einrichtung. In Hamburg kam es ebenfalls zum Abschluß. Die Apothekenverhältnisse in Mecklenburg fand ich wieder eigenartig. Die Apotheke beruhte auf persönlichem Privilegium, welches Privilegium also nicht mit dem Hause zusammenhing. Beim Ableben des Großherzogs Friedrich Franz II., mußte dasselbe erneuert werden und zwar mit gleichzeitiger Bezahlung einer größeren Summe an die Kasse des neuen Großherzogs. Die Verhältnisse in Schwerin waren erfreulich.

Ein neu erbautes Theater (das bisherige war abgebrannt) mit neuen schönen Kulissen und vorzüglichen Schauspielern stand uns für sehr billige Eintrittspreise zur Verfügung. Es wurden Opern und Schauspiele jeder Art geboten. Die Umgebung Schwerins ist in jeden Hinsicht herrlich, Park, Wald und große Seen waren nahe zu erreichen. Das Geschäft war eigenartig durch den Umstand, daß die Kundschaft meist Plattdeutsch sprach. Es war nicht so lohnend, wie ich gehofft hatte und ich war genötigt, in jedem Jahr von meinen Hamburger Reserven zuzulegen.

Nachdem ich fünf Jahre in Schwerin gewesen war, wurde mir die Gelegenheit geboten an einen reichen Mecklenburger mit 10 000 M. Nutzen zu verkaufen. Ich ging darauf ein unter der Bedingung, daß ich in Berlin ankommen könne, wo ich Aussicht hatte. Dort war ein Geschäft in der Anklamer Straße 39, also im Norden Berlins, verkäuflich. Das Geschäft war in Folge der Zunahme der Bevölkerung in jenem Stadtteil erheblich im Umsatz gestiegen[57]. Dagegen sollten zwei neue Apotheken in der Umgebung errichtet werden. Nach eingezogenen Erkundigungen rechnete man in Berlin auf jede Neuanlage im Durchschnitt 6 000 M. Verlust am Umsatz. Ich mußte also auf mindestens 12 000 M. Umsatz weniger rechnen, wonach sich der Preis entsprechend ermäßigen mußte. Da der Verkäufer sich nach zehnjährigem Besitz sich mit einem Gewinn von 100 000 M. begnügte, kam die Sache zustande, wie auch in Schwerin der Verkauf. Bei der Apotheke war ein kleiner Garten, die Mieten waren sehr billig und in jener Zeit in Berlin in stetem Steigen begriffen. Das erste Jahr, als die Konkurrenz-Apotheken noch nicht eröffnet waren, schloß mit einem guten Gewinn.

Eines Vorfalls muß ich hier erwähnen, betreffend den Verkauf homöopathischer Arzneien, der in dieser Apotheke – wie in den meisten Berliner Apotheken – stattfand. Es ist eine merkwürdiger Erscheinung, daß in den besseren und höheren Kreisen der Menschen der Aberglaube eine große Rolle spielt. Ob es gleich nicht möglich ist, die Zukunft zu entschleiern, aus dem einfachen Grunde, daß die Ereignisse der Zukunft nirgends festgelegt sind, daß sie sich doch eben in Folge von tausend Zufälligkeiten erst bilden müssen, so haben doch seit alters die Wahrsager eine große Rolle gespielt, die aus dem Vogelflug und aus dem Kaffeesatz Zukünftiges vorhersagen und oft bei den Großen und auch sonst gescheiten Leuten ihre gläubige Kundschaft hatten. Auch ärztliche Scharlatane haben in diesen Kreisen ihre Anhängerschaft gefunden. Hahnemann ist längst tot, aber seine Lehre, daß man mit Ähnlichem alles kurieren könne und zwar mit unglaublich kleinen Dosen, diese Lehre lebt immer noch. Man hat berechnet, daß von der Urtinktur ein Tropfen auf das Adriatische Meer eine homöopathische Arznei darstellt, welche Eßlöffelweise genommen bestimmte Heilkräfte entwickelt. Da kann sich sagen, daß dazu ein steifer Glaube gehört, den die meisten Apotheker nicht teilen können. Dazu sind sie zu sehr naturwissenschaftlich unterrichtet. Aber was hilft es? Sie wollen leben und müssen sich diesem Aberglauben fügen. Haben doch die homöopathischen Ärzte in Preußen das Vorrecht, selbst Arzneien anzufertigen und abzugeben[58]. Untersuchen lassen sich solch verdünnte Arzneien nicht mehr, man muß es den Ärzten glauben, daß sie richtig angefertigt sind. Um also nicht zu verlieren, sind die Apotheken genötigt sich eine homöopathische Apotheke anzuschaffen, die sich natürlich in einem besonderen Zimmer befindet, mit besonderen Geräten ausgestattet ist. Die Gerüche der allopathischen Apotheke könnten ja störend wirken! Eine homöopathische Pharmakopöe schreibt die Bereitung der Arzneien vor und was an Urtinkturen und Abreibungen vorhanden sein muß. Auch die Abreibungen von einem Tropfen Urtinktur mit 10 Gramm Milchzucker müssen gewisse Stunden verrieben werden, sonst helfen sie nicht. Die homöopathische Behandlung der Krankheiten hat ja manches für sich. Viele Krankheiten heilt ja Mutter Natur, bedürfen also keiner Arznei. Mancher hat mit Recht einen Widerwillen gegen die Mixturen der Ärzte. Und dann ist ja der Erfolg da! Meine Mutter heilte ihre Kopfschmerzen stets mit Akonit in der fünften Potenz[59]. [Und diese Arzneien sind unschädlich.]

Auch die Billigkeit spricht mit. Man schafft sich ein Lehrbuch an und eine kleine homöopathische Apotheke um für alle Fälle gerüstet zu sein. Das Stellen einer Diagnose in Krankheitsfällen ist ja für den Laien eine Kleinigkeit und das Gute ist, diese Arzneien können keinem Schaden tun.

Ist man Arzt, so kann man nichts besseres tun, als sich auf seinem Schild als Homöopath zu bezeichnen, dann hat man Zulauf.

Den Ärzten war es nun nicht genug, selbst Arzneien geben zu können, sie wollten auch die Konkurrenz der Apotheken nicht. Sie behaupteten wohl nicht mit Unrecht, daß mancher Apotheker nicht an Homöopathie glaube und daher in der Abgabe solcher Arzneimittel nicht hinreichend zuverlässig seien und da geschah Folgendes:

Man schickte angeblich homöopathische Recepte in die sämtlichen Apotheken Berlins, auf denen ein Mittel aufgeschrieben war, was es nicht giebt. Man kann unmöglich alle die lateinischen Namen der zum Teil ekelhaften Mittel im Kopfe haben, welche die homöopathische Pharmakopoe aufweist. So erklärt es sich, daß in den meisten Apotheken Berlins irgendetwas gegeben wurde.

## Das Homöopatische Arzneibuch

*Die Auswahl an homöopathischen Dispensatorien, Arzneibüchern und Pharmacopöen war in der zweiten Hälfte 18. Jh. nicht gerade klein. Einen amtlichen Charakter hatten sie jedoch allesamt nicht. Der Deutsche Apotheker-Verein beschloss daher 1896 in seiner Hauptversammlung, eine Kommission mit der Herausgabe eines homöopathischen Arzneibuches zu beauftragen. Deren Ergebnis, das Deutsche Homöopathische Arzneibuch, erschien 1901 und verbreitete sich schnell, hatte aber wiederum keinen amtlichen Charakter. Erst 1934 erhielt interessanterweise nicht dieses, sondern das ebenfalls gängige Homöopathische Arzneibuch von Willmar Schwabe (2. Auflage 1934) Verordnungscharakter. Seit 1979 gibt es eine von einer amtlichen Kommission erarbeitete Pharmacopoe, das HAB 1 (Homöopathisches Arzneibuch), seit dem 1.8.2000 abgelöst vom HAB 2000.*

Als der Gehilfe mir in mein Privatzimmer einen solchen Zettel brachte mit der Frage, was damit gemacht werden solle, antwortete ich ihm, dies hätten wir nicht, und es wurde nichts verabfolgt.

Außer mir hat nur noch ein anderer Apotheker, mein Nachbar, der frühere Apothekenbesitzer, jetzige Geheimrat Frölich, in dieser Weise gehandelt, die anderen sind sämtlich zu einer Geldstrafe verurteilt worden. Der Zweck, die homöopathischen Apotheken der Apotheker zu Gunsten der Ärzte zu unterdrücken, ist aber nicht erreicht worden. Wie andererseits die Gewissenhaftigkeit mancher homöopathischen Ärzte beschaffen ist, darüber mein Erlebnis in Hamburg. Dort ließ sich der Sohn eines bekannten homöopathischen Kurpfuschers nieder – der Mann war ein früherer Postsekretär – der als ordentlicher Arzt studiert hatte und nun Homöopath war. Dieser Herr ist wiederholt in meiner Apotheke gewesen, wo er sich Morphiumpulver und Calomelpulver machen ließ, und keineswegs in homöopathischer Dosis! Er ging später nach Berlin, weil ihm in Hamburg das

Selbst-Dispensieren untersagt war. Daß es in Preußen erlaubt ist, ist ein großes Unrecht, schon aus dem Grund, weil jede Kontrolle dessen, was dem Patienten gegeben wurde, dabei aufhört.

## Der Begriff »Rezept-Mystifikation«

*In verschiedenen Apotheken in Berlin, Stettin und Potsdam waren im November 1887 fingierte Rezepte zur Anfertigung homöopathischer Präparate abgegeben worden. Die »verordneten« pharmazeutischen Spezialitäten (»Urticaria rubra«, »Tuber cinerum«, »Pemphigus foliaceus« und »Madaroma traudulentum« ) ahmten gängige lateinische Begriffe jedoch nur nach. In vielen Apotheken fertigte man dennoch Rezepturen an. In der Leipziger Populären Zeitschrift für Homöopathie 23/24, 1887, erschien sogleich ein ausführlicher Bericht über die Vorfälle, mit entsprechend negativer Beurteilung des Apothekerstandes. Der Berliner Apothekerverein machte die Mitglieder in seiner Sitzung im Dezember 1887 gesondert auf die fingierten Rezepte aufmerksam. In der Pharmazeutischen Zeitung ziehen sich die Mitteilungen in der Rubrik »Tagesnachrichten, Berlin«, unter dem Stichwort »Mystifikation von Rezepten« vom Dezember 1887 bis in den Sommer 1888 hinein.*

*Die Berliner Tagespresse und die Drogistenzeitung griffen den Vorfall auf und berichten mehrfach und jeweils mit starken Seitenhieben in Richtung der Apotheken. Eine offizielle Erklärung des Berliner Apothekervereins blieb aus, die Pharmazeutische Zeitung jedoch bezog kurz Stellung: »Wohl sicherlich in allen Berliner Apotheken wurden die Mittel ohne Wissen der Besitzer von den Rezeptaren abgegeben und zwar im guten Glauben, dass Urticaria und Urtica, Tuber cinereum und Jalape etc. gleichbedeutend seien – trotzdem wird mit großem Geräusch dem Publikum die Zuverlässigkeit der Apotheken im Allgemeinen und ihrer Besitzer in sehr jesuitischer Weise in ein falsches Licht zu rücken versucht. Die Apotheker haben das Glück, so gestellt zu sein, dass derartige Verdächtigungen ihnen schließlich materiell nichts anhaben können…« (PZ 32, 1887, 725). Eine spätere Stellungnahme von homöopathischer Seite drückte gemischte Gefühle zum Täuschungsmanöver aus, dabei wurde außerdem die Frage, wer für die sorgfältig geplante Aktion verantwortlich war, beantwortet. Der Arzt Dr. Windelbrand, Mitglied im Verein homöopathischer Ärzte, äußerte sich in der Zeitschrift des Berliner Vereins homöopathischer Ärzte, und diese Erklärung wurde kurz darauf wörtlich in der Pharmazeutischen Zeitung wiedergegeben:*

*»Die Art und Weise der Fallenstellung ist nicht schön. Besser wäre gewesen, richtige Medikamente zu verschreiben, die den chemischen Nachweis einschließen…« Er konstatiert außerdem mehr Schaden denn Nutzen durch den Vorfall. Die Apotheker hätten lediglich eine kleine Strafe zu zahlen, das Publikum hätte durch die Berichte inzwischen die wunderlichste Vorstellung vom Wesen der Homöopathie, das homöopathische Publikum stünde den Apotheken nun misstrauisch gegenüber, aber auch auf die selbstdispensierenden homöopathischen Ärzte wirke sich dieses Misstrauen aus. Sämtliche Rezepte seien nicht vom Berliner Verein Homöopatischer Ärzte (wie es wohl auch Apotheker Hasse vermutete), sondern von einer Privatperson ausgegangen, die dem Verein namentlich bekannt sei. Der Centralverein homöopathischer Laienverbände nimmt den Vorfall zum Anlass, im August des Jahres 1888 einen Antrag für den preußischen Landtag zu formulieren: Aufgrund der Vorfälle in Berlin sollen in Preußen »rein homöopathische« Apotheken zugelassen werden. Der Antrag scheitert jedoch bereits in den eigenen Reihen, da er das – von den Apothekern mit Kräften bekämpfte – Selbstdispensierrecht der preußischen Ärzte gefährden würde. Alle Apotheker, die nach den fingierten Rezepten angefertigt hatten, mussten einen Bericht beim Berliner Polizeipräsidium abgeben, da die preußische Regierung eine gründliche Untersuchung beabsichtigte. Wie das Verfahren ausging, wird in der Pharmazeutischen Zeitung nicht vermeldet. Über die offensichtlich verhängten Bußgelder berichtet Apotheker Hasse in seinen Memoiren.*

In Berlin war damals der Dezernent in Medicinalsachen beim Polizeipräsidium der Geheimrat Pixtor, ein Mann von großer Schaffensfreude. Er fand es unrichtig, daß mit den Apotheken Handel getrieben wurde, daß oft Hunderttausende beim Verkauf von Apotheken verdient wurden, mühelos, ohne Arbeit. Diesem Übelstande mußte abgeholfen werden. Die starke Zunahme der Bevölkerung in Berlin war die Veranlassung eine Zunahme der Apotheken-Umsätze und dem entsprechend die Preissteigerung der Apotheken. Wo irgendeine Apotheke mit Nutzen verkauft wurde, da wurden dem Käufer Concurrenzapotheken in die Nähe gelegt. So bekam ich statt der erwarteten zwei gleich drei neue Apotheken und zwar in solcher Nähe, daß ich von meiner Tür aus diese erblicken konnte. Es kann ja nicht bestritten werden, daß bei Zunahme der Bevölkerung auch eine Vermehrung der Apotheken gerechtfertigt ist. Aber daß diese Vermehrung erst dann vorgenommen wird, wenn eine Apotheke teuer verkauft wurde, das war das Schlimme. Der Käufer konnte doch nicht dafür, daß die Medicinalpolizei das Fehlen von Apotheken nicht schon vorher erkannt hatte. Statt des schmunzelnden Verkäufers wurde er schwer in seinem Erwerb getroffen. Aber so ein Beamter ist zu weltfremd. Als ich dem Geheimrat meinen Besuch machte, fragte er mich, warum ich denn einen so hohen Preis gegeben hätte? (Ich bemerke hierbei, daß damals noch nicht üblich war, beim Gesuch um die Übertragung der Concession den Kaufpreis anzugeben. Der Geheimrat wußte aber den Preis aus Privatquellen). Ich antwortete, ich hätte die Apotheke nicht billiger bekommen können. Daß der Preis ein Übereinkommen zwischen Käufer und Verkäufer ist, schien ihm unbekannt.

Sofort nach Eröffnung der drei Apotheken fiel der Umsatz meines Geschäftes ganz bedeutend. Die Gegend war völlig bebaut und meist von kleinen Leuten bewohnt. Eine Vermehrung der Einwohnerzahl war nicht zu erwarten, im Gegenteil je besser die Gegend wurde, je mehr wohlhabende Familien dort Wohnung nahmen, wie es geschah, desto mehr mußte die Bevölkerung mit der Zeit abnehmen. Jedenfalls war an eine Besserung nicht zu denken. Ich sah ein, daß ein Bestehen für mich mit meiner Familie auf die Dauer nicht gegeben war. Ich mußte doch an die späteren Abzahlungen denken, wie ich sie kontraktlich übernommen hatte. So blieb nichts übrig als zu verkaufen. Ein wohlhabender junger Mann, dessen Eltern in Berlin wohnten, fragte eines Tages an, ob ich verkaufen möchte und wir wurden einig. Ich bekam das, was ich gegeben hatte. Als ich, um mich zu verabschieden, dem Herrn Geheimrat Pixtor meinen Besuch machte, fragte er, weshalb ich verkauft hätte? Ich entgegnete, daß ich das Geschäft unter den gegebenen Verhältnissen nicht halten konnte.

Ich bemühte mich, mich in Berlin wieder anzukaufen, denn ich war das Wanderleben müde. Auch meiner Kinder wegen wollte ich in Berlin bleiben, die ja endlich eine Heimat haben sollten. Als ich hierüber eines Tages mit einem bekannten Berliner Apotheker sprach, der ein guter Freund des Herrn Pixtor sein soll und der mit den Verhältnissen genau bekannt sein mußte, sagte der mir gerade zu, ich solle in Berlin nicht wieder kaufen, denn ich bekäme dann mir gegenüber eine Concurrenz!

Diese Zustände erscheinen unglaublich, waren aber damals allgemein. Es gab damals Strafconcessionen. So erlebte ich, daß der Besitzer der Lucä'schen Apotheke unter den Linden eine neue Apotheke gegenüber bekommen sollte. Er hatte vorher eine Apotheke im Osten Berlins besessen, diese mit gutem Nutzen verkauft und dann jenes Geschäft gekauft. Die Apotheke hatte ein altes Privilegium. Es half ihm alles Protestieren nichts, die betreffende Straf-Concession wurde ausgeschrieben. Es fand sich aber niemand, der sie haben wollte. Der weltfremde

# Die Apothekenvermehrung in Berlin

*Die Bevölkerungszahl Berlins verzehnfachte sich im Zeitraum von 1801 bis 1900. Damit wuchs der Arzneimittelumsatz in den einzelnen Apotheken per se, zusätzlich verstärkt durch die Erschließung neuer Kundenkreise und die im letzten Drittel des Jahrhunderts einsetzende Sozialgesetzgebung. Obwohl sich der Kundenkreis der einzelnen Apotheken binnen kurzer Zeit vervielfachte, verhielten sich die Medizinalbehörden bis in die 1870er-Jahre zurückhaltend bei der Erlaubnis zur Anlage neuer Apotheken. Die konkurrenzlose Situation und die stark gestiegene Zahl der Konzessionsanwärter trieben die Werte der Apotheken in kurzer Zeit enorm in die Höhe, es begann die Zeit des von den Behörden angeprangerten »Apothekenschachers«. Nach der Reichsgründung wurde die Zurückhaltung der Medizinalbehörden gegenüber Neuanlagen von Apotheken zunehmend aufgegeben. Wurden zwischen 1861 und 1871 Genehmigungen für acht neue Apotheken erteilt, so im Zeitraum von 1871–1880 bereits für 18. Von 1880 bis 1890 – und das ist die Zeit Hasse's in Berlin – eröffnete die stattliche Anzahl von 55 neuen Apotheken. Bestanden also 1871 erst 50 Apotheken, so waren es knapp zwanzig Jahre später zu Hasses Zeiten bereits 123. Im Jahre 1887, als Hasse in Berlin seine Apotheke übernahm, wurden allein 12 weitere Neukonzessionen erteilt (PZ 1887, 720). Auch wenn die gezielte Apothekenvermehrung eine sinnvolle Reaktion der Behörden auf die veränderten Rahmenbedingungen war, verwundert es nicht, dass jede Neuanlage von den bestehenden Apotheken als Konkurrenz oder sogar, wie von Hasse formuliert, als »Strafkonzession« aufgefasst und heiß diskutiert wurde. Ob Bedarf für eine neue Apotheke bestand, wurde jedoch eher nüchtern mittels eines Pro-Kopf-Schlüssels von offizieller Seite, als alleine mit »strafendem« Hintergedanken ermittelt: Die Polizeihauptmannschaften erfassten die Bewohnerzahl in den Kundenbezirken der bestehenden Apotheken und bezogen abwägend deren Kundschaftsverluste durch die geplante Neuanlage mit ein. Aufgrund dieser Information entschied der Oberpräsident der Provinz Brandenburg über eine Neuanlage, die dann öffentlich ausgeschrieben wurde. Die betroffenen umliegenden Apothekenbesitzer erhielten die Aufforderung, Einspruch zu erheben. Dass dies nicht nur eine theoretische Möglichkeit war, zeigt die Eingabe einiger Apotheker im Jahre 1889, welche die Rücknahme einer geplanten Neuanlage erbrachte (PZ 1889, 220). Vgl. zur Entwicklung in Berlin: F. Reinhard, Apotheken in Berlin, Eschborn 1998*

*Carl Georg Hasse im Alter von ca. 60 Jahren mit seiner Frau Pauline und Tochter Therese (ca. 1895).*

Herr Geheimrat konnte natürlich nicht wissen, daß eine Apotheke in solch teurer Gegend, wenn alle gesetzlich vorgeschriebenen Räume beschafft werden sollten ein großes Kapital erforderlich machte, das bei den bescheidenen Preisen unserer Arzneitaxe niemals verzinst werden kann[60].

Da ich mein Vermögen nicht mehr in einer Apotheke anlegen mochte, wo es, in Berlin wenigstens, der Willkür der Behörde ausgesetzt war, beschloß ich, mich auf andere Weise zu betätigen. Damit, weil meine weiteren Erlebnisse nicht mehr hierher gehören, schließe ich meine pharmazeutischen Erinnerungen.

# Zur Datierung der »Erinnerungen«

Carl Georg Hasse hinterließ auf 79 durchnummerierten Seiten eine vollständige Fassung seiner »Erinnerungen«. Es befinden sich außerdem Teile von mindestens zwei und höchstens fünf weiteren Fassungen im Archiv des Museums. Sie stimmen nahezu wörtlich mit der vollständigen Fassung überein und sind, wie diese, ohne Datum überliefert.

Die Frage, zu welchem Zeitpunkt Carl Georg Hasse seine Lebenserinnerungen niederschrieb, scheint nur auf den ersten Blick schnell beantwortet. Er berichtet uns am Schluss seiner Aufzeichnungen, nach den Erlebnissen in Berlin 1889/90 habe er beschlossen, sein Vermögen nicht mehr in eine Apotheke zu investieren, sondern sich auf andere Weise zu betätigen. Und er fährt fort *»Weil meine weiteren Erlebnisse nicht mehr hierher gehören, schließe ich meine pharmazeutischen Erinnerungen«.*

So könnte man annehmen, dass Hasse sich ab 1890 nicht mehr als Apotheker oder Apothekenbesitzer betätigt hat und kurz darauf seine Lebenserinnerungen niederschrieb. Dem ist aber nicht so. Denn bereits ab dem 1. April 1890 – also kurz nach dem Verkauf der Zions-Apotheke in Berlin – begegnet er als neuer Besitzer der Rats-Apotheke im ostfriesischen Wilhelmshaven! Diese Apotheke in der erst 1873 in Bezug zum kaiserlichen Marinehafen gegründeten Stadt besaß er bis zum Verkauf im Jahre 1902, wie die in der Rats-Apotheke aufbewahrten Unterlagen belegen.

Sind die »Erinnerungen« also in dem kurzen Zeitraum zwischen dem Verkauf der Zions-Apotheke Berlin und dem Kauf der Rats-Apotheke Wilhelmshaven entstanden?

Die Anfertigung einer Erstfassung in diesem Zeitraum ist zwar aufgrund der fehlenden Berücksichtigung der Wilhelmshavener Apotheke naheliegend, jedoch muss dann wesentlich später eine Überarbeitung der »Lebenserinnerungen« vorgenommen worden sein. Denn der uns vorliegende Text beinhaltet zwei recht eindeutige Anhaltspunkte zur Datierung dieser Fassung.

Hasse berichtet zum Einen in einem Nebensatz von zwei Fototafeln, welche er als Vertreter des Landes Sachsen als Erinnerung an den Aufenthalt in Hamburg anlässlich der Erarbeitung von Reformvorschlägen für die Regierung im Auftrag des Norddeutschen Apothekervereins aufbewahrt hatte. Diese habe er als Geschenk dem *»jetzt gegründeten Apothekenhaus in Berlin« übergeben. Damit ist die 1906 gegründete Gesellschaft »Vereinshaus Deutscher Apotheker m.b.H«* gemeint, die im Berliner Hansaviertel ein Grundstück erwarb und ein Gebäude errichtete, welches 1909 eingeweiht und von der HAGEDA, dem Deutschen Apothekerverein sowie dem Berliner Apothekerverein bezogen wurde. Erst nach der erfolgten Gründung der Gesellschaft im Jahre 1906 kann Hasse seine Erlebnisse also endgültig niedergeschrieben oder zumindest letzte Korrekturen an einem älteren Manuskript vorgenommen haben.

Auch ein anderes Detail spricht für diesen Zeitraum. Hasse erwähnt in seiner Schilderung der Zeit in Weißenfels im Zusammenhang mit der Braunkohleverarbeitung, deren Nebenprodukte seien *»…wie Benzin, die schweren Öle, als Leuchtmittel nicht brauchbar, jetzt (aber) gesucht zur Feuerung der Kriegsschiffe…«*. Auch hier bezieht sich das Wörtchen »jetzt« auf den Zeitraum, in dem Hasse schreibt. Die schweren Öle wurden erstmals zum Betrieb von Petroleummotoren eingesetzt, und diese kamen bei Kriegsschiffen – noch vor den Dieselmotoren – erstmals in dem 1906 zu Wasser gebrachten U-Boot der Kaiserlichen Marine Typ »U1« zum Einsatz. Auch dies spricht also für einen Datierungsansatz zumindest der letzten Abschrift und/oder Änderungen an einem älteren Manuskript in dieser Zeit oder kurz danach.

Die naheliegende Frage, warum Hasse dann aber über seine letzte Apotheke in Wilhelmshaven nichts berichtet, muss unbeantwortet bleiben. Er hat sie immerhin zwölf Jahre besessen, länger als je eine andere Apotheke zuvor. Ihr Verkauf fand 1902, erst vier Jahre vor der Gründung der Gesellschaft Vereinshaus

Deutscher Apotheker und dem Zuwasserlassen von U1 im Jahre 1906 statt. Und damit auch nur wenige Jahre vor dem frühest möglichen Entstehungszeitraum der uns vorliegende Manuskriptfassung.

*Das moderne und großzügige Labor in der Rats-Apotheke Wilhelmshaven, die Hasse von 1890–1902 besaß. Links Dampfdestille mit stattlichem Infundiertisch, an dem auch schon C. G. Hasse tätig war. Foto, um 1929.*

# Anmerkungen

1 Cornelius Nepos, etwa 100 – 25 v. Chr., römischer Historiker; befreundet mit Cicero, Atticus, Catull. Wichtigstes Werk »De viris illustribus«.

2 Der Name wurde, wie wenige andere der nachfolgend genannten Apothekernamen, von Hasse abgeändert. Hier ist Apotheker A. Morgen gemeint, der die Adler-Apotheke in Peitz bei Cottbus 1839 von Hasses Vater gekauft hatte. Namen, Daten etc. aller nachfolgend von Hasse genannten Lebensstationen in Apotheken vgl. Tabelle im Anhang.

3 Der Nachweis von Lateinkenntnissen war eine im 19. Jh. selbstverständlich gewordene Voraussetzung für die Lehre.

4 »Opodeldokgläser«: Weithalsige Abgabegefäße mit Schraubdeckel, 10–125 g fassend. Eigentlich zur Dispensation des Opodeldoks (Linimentum saponato-camphoratum) oder auch anderer zähflüssiger Arzneimischungen.

5 Johann Jacob Berzelius (1779–1848). Studiert wurde das Lehrbuch der Chemie, Dresden 1825.

6 Wenden: Slawen.

7 Heinrich Gottfried Ollendorff, Lebensdaten bislang nicht zu ermitteln. Ab ca. 1840 veröffentlichte O. Lehrbücher zum Selbstunterricht zahlreicher Sprachen, z. B.: H. G. Ollendorff, Neue Methode eine Sprache in sechs Monaten lesen, schreiben und sprechen zu lernen. Für das Französische zum Gebrauch des Deutschen bearbeitet. Leipzig/Paris 1854.

8 Christoph Friedrich Mohr (1806–1879).

9 Chr. Fr. Mohr, Commentar zur preußischen Pharmacopoe nebst Übersetzung des Textes. Braunschweig 1847.

10 Chr. Fr. Mohr, Der Weinstock und der Wein, Koblenz 1864.

11 Chr. F. Mohr, Lehrbuch der chemisch-analytischen Titriermethoden in zwei Abtheilungen, Braunschweig 1855–1856.

12 Auguste von Sachsen-Weimar-Eisenach (1811–1890).

13 Mohr hatte sich nach dem Verkauf seiner Apotheke 1856 an der chemischen Fabrik für Kunstdüngererzeugnisse seines Schwiegersohnes F. Nienhaus in Metternich beteiligt, welche 1863 in Konkurs ging.

14 Zu Mohr vgl. W. H. Hein u. H.-D. Schwarz, Deutsche Apotheker-Biographie, Stuttgart 1978 und R. Schmitz, Die deutschen pharmazeutisch-chemischen Hochschulinstitute. Ingelheim a. Rhein 1969, S. 56 f.

15 Aachen erfreute sich damals beim vornehmen Bürgertum des In- und Auslandes großer Beliebtheit als Kurort.

16 Apotheker F. Dickerhoff, Dortmund, Adler-Apotheke.

17 Wilhelm Heinrich Heintz (1817–1880). Vgl. R. Schmitz, Die deutschen pharmazeutisch-chemischen Hochschulinstitute. Ingelheim a. Rhein 1969, S. 162 f.

18 Dietrich Franz Leonhard von Schlechtendahl (1794–1866) Prof. für Botanik, Universität Halle.

19 Zu Heinrich Rose (1795–1864), Eilhard Mitscherlich ((1794–1863), Franz Leopold Sonnenschein (1817–1879), Ernst Robert Schneider (1825–1900) vgl. R. Schmitz, Die deutschen pharmazeutisch-chemischen Hochschulinstitute. Ingelheim a. Rhein 1969, S. 28 ff. Hans Gustav Magnus (1802–1870), Professor für Chemie. Christian Gottfried Ehrenberg (1795–1876), Prof. für Gesch. d. Medizin. Otto Karl Berg (1815–1866), Prof. f. Botanik. Alle Universität Berlin. Hasse hörte damit Vorlesungen bei einigen der qualifiziertesten Hochschullehrern der damaligen Zeit.

20 Gemeint ist entweder die Alte oder die Neue Rats-Apotheke Neubrandenburg. Vielleicht trug die von Hasse als wenig erfreulich geschilderte Zeit dort dazu bei, dass von dieser Station keinerlei Unterlagen (Zeugnisse o.ä.) überliefert sind.

21 Allesamt aus Braunkohle hergestellten Lampenöle, die zur Lichterzeugung eingesetzt werden.

22 Hotel Kaiserhof, errichtet 1875, modernstes und feinstes Haus in Berlin bis zur Eröffnung des Adlon-Hotels 1907. 1943 zerstört. Die Kanonierstrasse (heute Glinkastraße) verlief angrenzend.

23 Der Apotheker in Neustadt-Gödens war Heinrich Friedrich Georg Mein (1800–1864). Er hatte 1831 Atropin kristallin dargestellt. H. Buurmann, Die Apotheker Ostfrieslands von den Anfängen bis zur Gründung des Deutschen Reiches 1871, Leer 1990.

24 Der Eigentümer der Marien-Apotheke hieß richtig: Carl Daniel Ibach.

25 Der Begriff »Rätherin« erschließt sich hier nur aus dem Zusammenhang. Offensichtlich saß ein anonymer Mitstreiter des Wunderdoktors im Wartezimmer und teilte ihm kurz vor dem Eintritt des jeweiligen Kranken mit, worüber dieser im Wartezimmer geklagt hatte. Dann hatte der Wunderdoktor das Verblüffungsmoment auf seiner Seite, wenn er angeblich am Urin des Kranken erkannte, was ihm fehlte, bevor dieser sein Zipperlein schildern konnte.

26 Hier irrt sich Hasse im zeitlichen Ablauf. Die Stellung in Coesfeld trat er nicht nach der Übernahme der Apotheke Stadtkyll an, sondern davor. Die Zwischenzeugnisse (Inv.-Nr. VII A 837-11 und VII A 837-12) belegen die Gehilfenzeit in Coesfeld für den Zeitraum 1.6.1860 – 1.6.1861. Der Kaufvertrag für Stadtkyll (Inv-Nr. VII A 831) ist mit 29. Juli 1861 datiert.

27 Bei der Vergabe wurden üblicherweise erfahrene, aber zuvor angestellte Apotheker bevorzugt, denen damit eine Existenzgründung ermöglicht werden sollte. Hasse hebt sicherlich zu Recht die Fürsprache und guten Beziehungen seiner Tante, Frau Schnabel aus der einflussreichen Apothekerfamilie der bekannten Dom-Apotheke Merseburg, hervor.

28 Die »große Erregung« zog sich durch das gesamte 19. Jh. und weit in das 20. Jh. hinein. Gemeint sind die vielfältigen und langwierigen Auseinandersetzungen um eine »Apothekenreform«. Vgl. hierzu separaten Kasten im Textteil.

29 Hasse bezieht seinerzeit zur Position der »nicht besitzenden, angestellten« Apotheker Stellung; bedingt auch auf eigenen Erfahrungen bezüglich der Schwierigkeiten, die Mittel für den Kauf einer Apotheke zu erwerben und überhaupt eine käufliche Apotheke auf dem Angebotsmarkt zu finden. C. G. Hasse, Beleuchtung der Schrift des königl. Geheimen Medicinal und Regierungsrathes Dr. Franz Brefeld – Die Apotheke Schutz oder Freiheit?, Coesfeld 1863. Brefelds Denkschrift erhitzte die Gemüter in der Frage der »Apothekenreform« und löste eine Fülle von Gegenschriften aus. Vgl.: H. Boettger, Geschichte der Apothekenreformbewegung in Deutschland von 1862–1882. Berlin 1882.

30 1868 war auf der Generalversammlung des Norddeutschen Apothekervereins beschlossen worden, eine von Vereinsmitgliedern direkt zu wählende Kommission einzusetzen, die mit der Aufstellung eines Entwurfes einer Norddeutschen Apothekerordnung beauftragt werden sollte. Die Kommission aus über 30 Apothekern, der wohl auch Hasse angehörte, erarbeitete einen Gesetzentwurf, bestehend aus 169 Paragraphen. Die Arbeit der Kommission fand auch schriftlichen Niederschlag in einer Broschüre. Auch bedingt durch den Deutsch-Französischen Krieg blieb der Entwurf

erfolglos und war schließlich durch die Reichsgründung und den 1871 vorgelegten »Delbrück-Entwurf« überholt. Vgl.: Entwurf zu einer Norddeutschen Apothekerordnung. Auf Grund von Berathungen und Beschlüssen der zu diesem Zwecke gewählten Kommission norddeutscher Apotheker zusammengestellt und motiviert durch den Redactions-Ausschuss. Halle 1869 und Bertold Krischke, Geschichte des Deutschen Apothekervereins von 1820–1932, Berlin 1932.

31 Unter dem Vorsitz H. Salzmanns wurde 1906 der Bau eines Vereinshauses des DAV angegangen. Das Apothekerhaus in Berlin (Vereinshaus Deutscher Apotheker GmbH), Levetzowstr. 16b, wurde am 5. September 1909 eingeweiht und vom DAV, dem Berliner Apothekerverein sowie der Handelsgesellschaft Deutscher Apotheker mgH (Hageda) bezogen. Im Dezember 1944 wurde es durch eine Luftmine gänzlich zerstört. Vgl. H. Meyer, Deutscher Apotheker-Verein – 100. Geburtstag, Pharmazeutische Zeitung 35, 1972 S. 1288.

32 Hasse verlässt hier ausgehend von seinem Engagement für den Norddeutschen Apothekerverein in den 1860er-Jahren die chronologische Schilderung seines Lebensweges und bezieht aus der Zeit der Arbeit an seinen Memoiren rückblickend Stellung zu Fragen der »Apothekenreformbewegung«. So stammen auch die von ihm genannten Geheimmittel nicht aus den 1860er-Jahren, sondern aus der Zeit um 1900. *Uricedin* – Gicht- und Rheumamittel (Natriumcitrat, Natriumsulfat, Natriumchlorid, Lithiumcitrat). J. E. Stroschein, Berlin. *Dr. Hommels Haematogen* – Blutpräparat (defibriniertes Tierblut), Stärkungs- und leicht resorbierbares Eisenmittel. Nicolay u. Co, Hanau a. M.; *Carmol:* Destillat aus Melissenkraut, Lavendel, Pfefferminze, Zimt, Zitronenschalen, Nelken und Koriander. Amol-Destillerie, Hamburg.

33 Hasse greift hier nach und nach alle zusätzlich mit der »Reformfrage« diskutierten Reizpunkte auf: Die Neuregelung der Arzneipreise, die Haltung zum Thema Gewerbefreiheit, der Streit um das Arzneimittelmonopol mit den Drogisten, den Unmut über das Geheimmittelwesen und die zunehmend industriell gefertigten Arzneimittel, wie die aus England kommende neue Arzneiform der Tablette.

34 Nach dem Sieg der preußischen Armee über Österreich bei Königgrätz im Juli 1866 erhält Preußen im Vorfriede von Nikolsburg ganz Schleswig-Holstein und die Zustimmung Österreichs zur Bildung eines Staatenbundes nördlich der Mainlinie, einschließlich der mit Österreich verbündeten und nun annektierten Staaten Hannover, Kurhessen, Nassau und der Freien Reichsstadt Frankfurt. Nach der Gründung des Norddeutschen Bundes im

August 1866 sowie Wahlen und In-Kraft-treten der neuen Verfassung gilt die preußische Gesetzgebung auch im Königreich Hannover. Die Möglichkeit des Kaufes einer Apotheke auch im nun preußischen Hoheitsbereich ergibt sich für Hasse auf Basis eines preußischen Erlasses von 1846, in dem Apothekern mit Personalkonzession die Präsentation eines Nachfolgers zugestanden worden war. Damit waren auch die vom Gesetzgeber im Gewerbeedikt von 1810 als unverkäuflich angelegten Personalkonzessionen über einen Umweg verkäuflich geworden.

35 Apotheker U. H. Dirksen, ab 1849 Besitzer der Löwen-Apotheke Emden. Louis Hahn, Emdens Apotheken und Apotheker in fünf Jahrhunderten, Emden 1954.

36 Ein regional- und zeittypischer Ausdruck, der heute nicht mehr bekannt ist.

37 Die Gesellschaft hatte soziale Aufgaben.

38 1820 gegründete Gesellschaft für bildende Kunst und vaterländische Altertümer zu Emden. Deren Gemäldesammlung bildet heute einen wichtigen Grundstock des Ostfriesischen Landesmuseums Emden.

39 Gegr. 1814, bis heute bestehend. Naturforschende Gesellschaft Emden, »150 Jahre Naturforschende Gesellschaft 1814–1964 «, Emden 1964.

40 Es handelt sich um die heute noch bestehende Freimaurer-Loge »Wahre Treue zur ostfriesischen Union«. Vgl. J. Schaefer, Festschrift der Joh.-Loge Wahre Treue zur Ostfriesischen Union 1763–1963. Emden 1966.

41 Nordsee-Apotheke auf Borkum, 1873 als Filialapotheke gegründet.

42 Dass Hasse genau an dieser Station seines Lebensweges die chronologische Schilderung verlässt und sich scheinbar nebenbei über den »Nutzen« beim Verkauf von Apotheken auslässt, hat einen konkreten, von ihm jedoch hier nur indirekt berührten Anlass: Von der Magdeburger Regierung wird Hasse nämlich just zu dieser Zeit in einem Bericht an die für diese Region zuständige Landdrostei Aurich als Mann geschildert, der die »Vermehrung seines Vermögensstandes durch den Handel mit Apotheken erstrebe«. Vgl. F. Mälzer, 400 Jahre Löwen-Apotheke Emden, Emden 1998, 6. Aus Aufzeichnungen seiner Tochter geht ein Gewinn von 60 000 Mark hervor.

43 Friedrich Wilhelm Robert Otto (1837–1907) vertrat von 1870–1899 als ordentlicher Professor die Pharmazie zusammen mit der allgemeinen anorganischen und organischen Chemie an der Technischen Hochschule Collegium Carolinum, Braunschweig.

44 C. A. Jungclaussen, Geschichte der Hamburgischen Apotheken, Hamburg 1913, S. 384

45 Gemeint sind die Kinder Paul, Emil, Carl, Therese und Hulda.

46 Gesetzliche Grundlage dafür war nicht zuletzt die Hamburger Medizinalordnung des Jahres 1818, die eine Beschränkung der Apothekenzahl vorsah und zunächst auch durchsetzte sowie eine persönliche Konzession erteilte, welche beim Tode des Besitzers erlosch. Der Verkauf von Apotheken war nicht ohne Genehmigung des Gesundheitsrates der Stadt erlaubt. In der Praxis stieg die Apothekenzahl (nach einem kurzen Absinken ab 1818) auf an die 60 um das Jahr 1870 an, die außerdem verkauft wurden und werden durften. Die Medizinalordnung ist ediert in: C. A. Jungclaussen, Geschichte der Hamburgischen Apotheken seit Inkrafttreten der Medizinalordnung von 1818 bis zum Abschluß des Jahres 1912, Hamburg 1913.

47 Vgl. Notiz zum Vorfall in der Pharmazeutischen Zeitung 1879, 77 f.

48 Sohn Wilhelm 1879–80.

49 Es handelt um jenen oben als Besonderheit herausgehobenen Vertreter der Apotheker im Medizinalrat der Stadt Hamburg, den Apotheker und Mineralwasserfabrikant Adolf Oberdörffer, (1822–1887). Mitglied der Examens- und Revisionskommission des Gesundheitsrates Hamburg (1858–1871), bis ein Jahr vor Hasses Anfang in Hamburg Pharmazeutischer Assistent des Medizinalkollegiums Hamburg (1871–1877) und Mitglied des Vorstandes des Hamburg-Altonaer-Apothekervereins (später Hamburger Apothekerverein). Vgl. C. A. Jungclaussen, Geschichte der Hamburgischen Apotheken seit Inkrafttreten der Medizinalordnung von 1818 bis zum Abschluß des Jahres 1912, Hamburg 1913, S. 340.

50 Im fraglichen Zeitraum galt die Hamburger Arzneitaxe von 1875. Daneben hatte ein Taxnachtrag Gültigkeit, der vom Assessor für Pharmazie gemeinsam mit den pharmazeutischen Assistenten ausgegeben wurde. Durch ihn sollte eine gleichmäßige Taxierung der nicht in der amtlichen Taxe enthaltenen Mittel gewährleistet werden. Dieser private Nachtrag wurde von den Hamburger Apothekern 1887 veröffentlicht, vier Jahre nach Hasses Weggang aus Hamburg. Die preußische Arzneitaxe wurde erst 1889 (mit einigen Anpassungen an die Hamburger Verhältnisse) eingeführt. Vgl. R. Schmitz, Die Geschichte der Hamburger Apotheken 1818–1965, 107.

51 Bei »Reimeri« handelte es sich um Apotheker Heinrich Leo Richnow, der die Engel-Apotheke 1879 übernommen hatte. R. Schmitz, Die Geschichte der Hamburger Apotheken 1818–1965, Frankfurt 1966.

52 Steindamm 15 (33).

53 Hasse zitiert hier nahezu wörtlich die Hamburger Medizinalordnung von 1818.

54 Vgl. Anm. 49.
55 Vgl. Anm. 50.
56 Tierpark Hagenbeck. Hasses Tochter Therese berichet in ihrem Lebensrückblick von dieser Zeit: *»Vom Hauptgarten konnten wir über die Planken in Hagenbecks Tiergarten sehen und oft durften wir die Tiere und fremden Völkerstämme dort bewundern. Nubier, Patagonier [Feuerländer] und Eskimos hatten ihre Zelte dort aufgeschlagen, die Nubier führten Kriegstänze auf, die unser Staunen erregten.«*
57 Zions-Apotheke. In unmittelbarer Nähe des kurz zuvor stillgelegten Viehmarktes, dessen Gelände von der 1887 in AEG umbenannten und enorm expandierenden Firma aufgekauft wurde. Gleichzeitig entstanden in der Gegend zahlreiche Wohnblöcke u.a. für die Arbeiter der Firma. Der Stadtteil hatte seit dem 18. Jh. einen hohen Anteil jüdischer Bevölkerung.
58 Seit 1843 hatten Ärzte in Preußen das Recht zur Herstellung homöopathischer Arzneien.
59 Aconitum napellus, Eisenhut, wird in der Homöopathie vorwiegend bei Angstzuständen und Fieber, aber auch gegen Kopfschmerzen verwendet.
60 Die Verkaufsannoncen in der Pharmazeutischen Zeitung geben Einblicke zu Preisen und Gepflogenheiten am Ende des 19. Jh. in Berlin: So wird 1891 eine »Apotheke in Berlin in vornehmster Lage« mit einem Umsatz von 80 000 Mark/Jahr für die stattliche Anzahlung von 200 000 Mark mit dem Zusatz »zur Ausnutzung für zwei spekulative Besitzer sehr geeignet« angeboten. Gleich darunter die Verkaufsanzeige einer anderen Berliner Apotheke: »…altes Privilegium, Umsatz 52 000 M., ff. Rezepturgeschäft, bei 150 000 M Anzahlung …«. Die Zieten-Apotheke in Berlin-Kreuzberg, in der Hasse 1857 als Gehilfe gearbeitet hatte, wechselte 1877 für 135 000 Mark den Besitzer, 1885 bereits für 230 000 Mark und 1893 für 275 000 Mark.

# Nachwort

Carl Georg Hasse begegnet uns in seinen »Erinnerungen« und auch in seinen anderen schriftlichen Hinterlassenschaften als charakteristischer Vertreter des aufstrebenden Bürgertums des 19. Jahrhunderts. Dessen klassische Werte, wie das Ideal der bürgerlichen Familie, das Leistungsprinzip und die wachsende Bedeutung von Bildung prägten und bestimmten sein Leben nachhaltig. So verwundert es wenig, dass Apotheker Carl Georg Hasse einem ebenfalls zeittypischen Drang zur bürgerlichen Selbstdarstellung folgte: Als betagter Mann zeichnete er seinen Lebensweg nach und hinterließ ihn der Nachwelt.

Es waren unruhige Zeiten, die er über lange Strecken seines Lebens im territorial noch zerstückelten Deutschland mit all ihren Folgeerscheinungen im Privat- wie im Berufsleben zu bewältigen hatte. Übergeordnete politische Ereignisse finden jedoch kaum Eingang in seine »Erinnerungen«, er stellt seinen pharmazeutischen Lebensweg in den Mittelpunkt und verlässt ihn nur an wenigen Stellen, um zur pharmazeutischen Standespolitik, die ihn direkt betraf, Stellung zu beziehen.

Fakten, die dem heutigen Leser auffallen mögen, wie die häufigen Ortswechsel, die jeweils recht kurze Verweildauer an einem Platz, oder auch die stark unterschiedlichen territorialen wie politischen Verhältnisse finden eher selbstverständliche und nebenbei eingeflochtene Erwähnung, statt als Besonderheit ausgeschmückt zu werden.

Die »Erinnerungen« sprechen für sich selbst. Sie seien im Folgenden durch einige zusätzliche Angaben ergänzt, die aus den Unterlagen des Deutschen Apotheken Museums sowie der mündlich und in Nachlässen an Frau Röser überlieferten Familiengeschichte erschlossen werden können. Sie dienen der Abrundung des von ihm zurückhaltend und selbstbewusst geschilderten Lebensweges an den Stellen, die er uns in den »Erinnerungen« nicht überliefert – vor allem der frühen Kindheit und des Lebensabends. Einige historisch bedeutsame Ereignisse werden dabei einbezogen, um die Person Carl Georg Hasse eingerahmt von den übergeordneten Verhältnissen zu illustrieren.

Als Sohn des Apothekers (Carl Friedrich) Wilhelm Hasse in Peitz bei Cottbus geboren, erblickte Carl Georg Hasse am 24. Februar 1833 das Licht der Welt. Seine Mutter – Therese Marche aus der Familie der Dom-Apothekenbesitzer Merseburg – starb wenig später 1839 bei einem tragischen Unglücksfall. *»Durch diesen Schicksalsschlag war Wilhelm Hasse so erschüttert und verstört, daß er sich außer Stande sah, den verantwortungsvollen Beruf eines Apothekers weiter auszuüben«* vermerkt die Tochter von Carl Georg Hasse viele Jahrzehnte später in ihrem Lebensrückblick. Die väterliche Adler-Apotheke in Peitz wurde verkauft und der Vater Carl Georg Hasses ging zurück in seine Heimatstadt Halle. Dort eröffnete er eine einträgliche Drogenhandlung.

Seine Söhne wurden von der Verwandtschaft aufgenommen, Carl Georg wuchs zunächst im Merseburger Dom-Apotheken-Haushalt auf, bei seiner Großmutter mütterlicherseits, Emilie Marche. *»Carl fühlte sich unter all den erwachsenen Leuten in der Dom-Apotheke etwas vereinsamt, er erzählte später, daß er an der Hand des Kinderfräuleins stets artig hätte spazierengehen müssen und sehnsüchtig den Straßenjungen nachgeschaut hätte, die durch Schnee und Pfützen gepatscht wären«* berichtete seine Tochter später. Und sie fährt fort: *»Nach dem Tod der Großmutter Marche am 13. Januar 1842, kam Carl nach Halle zu seinem Vater, der inzwischen Emilie Peckhold geheiratet hatte... seiner Stiefmutter war er ein dankbarer Sohn, nach dem Tod des Vaters (1866) verzichtete er zu ihren Gunsten auf sein väterliches Erbteil.«*

Zurzeit der Revolution von 1848 ging der 15-jährige Hasse in Halle auf die Lateinschule der Franckeschen Stiftungen. Wenig später beginnt er seine Lehrzeit. Tochter Therese weiß auch hier ein persönliches Detail zu berichten: *»Seiner Halbschwester schenkte er von seinem ersten verdienten Geld eine sehr schöne Puppe, die auf mich [Therese Müller, geb. Hasse] gekommen ist.«*

Auf seinem weiteren pharmazeutischen Lebensweg erfährt er immer wieder Unterstützung von seiner Familie mütterlicherseits, der Dom-Apothekersfamilie

Merseburg. Hasse soll nach der Schilderung seiner Tochter bereits nach seinem Examen in Berlin kurze Zeit in der Dom-Apotheke gearbeitet haben, er selbst berichtet nichts davon. Nach der Rückgabe der Apotheke Stadtkyll im Juli 1864 überbrückte er dort die Zeit bis zum Erwerb der Apotheke Beetzendorf. Im genannten Jahr verbündete sich Preußen mit Österreich, gemeinsam zog man gegen Dänemark. Zwei Jahre darauf führten die ehemaligen Verbündeten einen »Bruderkrieg« gegeneinander, es war das Jahr 1866, indem Hasse den Aufbau seiner ersten »richtigen« eigenen Apotheke in Beetzendorf, Sachsen, betreute, diese vollständig ausstattete und erfolgreich eröffnete. Gleichzeitig ermöglichte ihm der Sieg Preußens, da nun *»die Apotheken im Königreich Hannover verkäuflich wurden«*, wie er selbst berichtet, den Kauf der Apotheke in Emden. 1870 – Hasse hatte seit vier Jahren eine eigene Familie gegründet und war Vater eines Sohnes – kam der Krieg gegen Frankreich mit dem Sieg bei Sedan.

Die 1871 in die Reichsgründung mündende politische Einigung Deutschlands erlebte Hasse im ostfriesischen Emden. Die sich dadurch verändernden Verhältnisse betrafen auch seine Lebensumstände, sei es die Einführung der ersten einheitlichen Pharmacopoe Germanica für das Deutsche Reich, die Umstellung auf das metrische Gewichtssystem, die Einführung der Reichsmark oder die nun entschlossen angegangene Problematik der Apothekenreform.

Von der im Jahre 1890 erworbenen Rats-Apotheke informieren Teile der Korrespondenz, die sich bei Frau Röser erhalten haben. Das Geschäft ging gut; Carl Georg Hasse schreibt in einem Brief an seinen Vetter Theodor Schnabel, Merseburg, 1893 voll stolz von der neuen Offizin und dem modernen Laboratorium. Von beidem hat er ihm Fotos gesendet, die sich leider nicht erhalten haben. Sein Vetter antwortet ihm: *»Daß Dein Geschäft in diesem Jahr sich rentiert und ihr euch mehr und mehr wohl fühlt in Wilhelmshaven, war uns lieb zu hören. Du mußt in Deinem Geschäft sehr angestrengt sein, ich begreife kaum, wie es möglich ist, mit einem Gehilfen und einem Lehrling Dein umfangreiches Geschäft versehen zu können.... Es mag sich in Deiner schönen Apotheke und Laboratorien bequem arbeiten...«*

Nach dem Verkauf der Rats-Apotheke Wilhemshaven 1902 waren Carl Georg und Pauline Hasse nach Berlin (Friedenau) übergesiedelt, wo ein Teil ihrer engsten Verwandtschaft lebte. Sie führten dort ein recht geruhsames Dasein mit regelmäßigen Seebadferien und Kuraufenthalten.

Der Ausbruch des Ersten Weltkriegs 1914 und dessen für die Zivilbevölkerung schnell spürbar werdende Auswirkungen mögen ihnen im hohem Alter zugesetzt haben, aber davon ist nichts sicher überliefert. Die Meuterei der Marine in seinem vertrauten Wilhelmshaven und das Ende dieses Krieges, wie auch die Auflösung seiner gewohnten Weltordnung, der Monarchie, erlebte Carl Georg Hasse nicht mehr.

Er starb als wohlhabender Mann kurz vor diesen Ereignissen am 1. Oktober 1918 im stolzen Alter von 85 Jahren. Erst einen Monat zuvor war er mit seiner Frau nach Bremen zu Tochter Therese und ihrer Familie übersiedelt. Die Beisetzung fand auf dem Riensberger Friedhof in Bremen statt.

# Literatur


Chr. Ahlheim, Pharmazie im Spiegel ihrer Presse. Die Apothekenreform von 1871–1894. Quellen und Studien zur Geschichte der Pharmazie 57, 1990

A. Andree, Die Apotheken der Provinz Hannover und die geplante Apothekenreform, in: Jahrbuch für Gesetzgebung, Verwaltung und Volkswirtschaft im Deutschen Reiche1895, 110–134.

Bezirksdirektion für Pharmazie und Medizintechnik Cottbus (Hrsg.), Apotheken im Bezirk Cottbus. Cottbus 1980

W. Blum, Natürliche und künstliche Mineralwasser. Braunschweig 1853

H. Boettger, Geschichte der Apothekenreformbewegung in Deutschland von 1862–1882. Berlin 1882

E. Brackebusch, Die preussisch-deutsche sogenannte Apothekenreform. Leipzig 1897

F. Brefeld, Die Apotheke: Schutz oder Freiheit? Berlin 1863

H. Buurmann, Die Apotheker Ostfrieslands von den Anfängen bis zur Gründung des Deutschen Reiches 1871, Leer 1990

C. F. Capaun-Karlowa, Medizinische Spezialitäten. Wien/Leipzig 1915, 4. Auflage

Festschrift des Deutschen Apotheker-Vereins zur 25. Hauptversammlung. Berlin 1896

Chr. Friedrich, Apotheke von innen gesehen. Apothekerbiographien aus zwei Jahrhunderten. Eschborn 1995

K. Gutbier, Zur Geschichte der Domapotheke zum Rautenkranz. Merseburg 1933

C. G. Hasse, Beleuchtung der Schrift des königl. Geheimen Medicinal und Regierungsrathes Dr. Franz Brefeld – Die Apotheke Schutz oder Freiheit? Coesfeld 1863

W. H. Hein und H.-D. Schwarz, Deutsche Apothekerbiographie. Stuttgart 1975, 1978, 1986

E. Hickel, Apotheken, Arzneimittel und Naturwissenschaften in Braunschweig 1677–1977. Braunschweig 1977

G. Hültenschmidt, 1502–1952. 450 Jahre Adler-Apotheke Dortmund. Dortmund 1952

E. Huwer, Apothekerbiographie: Ich sollte ja Arzt werden, in: Pharmazeutische Zeitung 146, 2001. 2947–2951

C. G. Jungclaussen, Geschichte der Hamburgischen Apotheken seit Inkrafttreten der Midizinalordnung von 1818 bis zum Abschluß des Jahres 1912. Hamburg 1913

B. Krischke, Geschichte des Deutschen Apotheker-Vereins von 1820–1932. Berlin 1932

E. Gröner, Die deutschen Kriegsschiffe 1815–1945, Bd. 2 und 3. München 1983 u. 1985

J. Liebig, Handwörterbuch der reinen und angewandten Chemie, Braunschweig 1842–1864

H. G. Lürmann, Die Apotheken des Bezirkes Neubrandenburg. Neubrandenburg 1983

F. Mälzer, 400 Jahre Löwen-Apotheke Emden. Die Geschichte der Löwen-Apotheke Emden von 1598 bis heute nach Dr. Louis Hahn – Emdens Apotheken und Apotheker in fünf Jahrhunderten. Emden 1954

H. Meyer, Deutscher Apotheker-Verein – 100. Geburtstag, in Pharmazeutische Zeitung 117. Jg. 1972, 1285–1292; 1317–1324; 1368–1377

Chr. Fr. Mohr, Commentar zur preußischen Pharmacopoe nebst Übersetzung des Textes. Braunschweig 1847

Chr. F. Mohr, Lehrbuch der chemisch-analytischen Titriermethoden in zwei Abtheilungen, Braunschweig 1855–1856.

F. Reinhard, Apotheken in Berlin von den Anfängen bis zur Niederlassungsfreiheit. Eschborn 1998

H. Rodegra, Das Gesundheitswesen der Stadt Hamburg im 19. Jahrhundert unter Berücksichtigung der Medizinalgesetzgebung (1586–1818–1900). Sudhoffs Archiv Beihefte 21, 1979

B. Röser, Erinnerungen an die Familie C. G. Hasse, in: Pharmazeutische Zeitung 146, 2001, 2952 f.

P. Ruhnau, Von Wilhelm Bakker bis Fritz Ihmann. 100 Jahre Nordsee-Apotheke Borkum, in Borkumer Zeitung 8. Mai 1983

J. Schaefer, Festschrift der Joh.-Loge Wahre Treue zur Ostfriesischen Union 1763–1963. Emden 1966.

H. Schiffers, Geschichte der Aachener Apotheken. Aachen 1948

R. Schmitz, Geschichte der Hamburger Apotheken 1818–1965. Frankfurt 1966

R. Schmitz, Die deutschen pharmazeutisch-chemischen Hochschulinstitute. Ingelheim a. Rhein 1969

K. Schneider, Der Mineralwasserversand und seine Gefäßproduktion im Rheinisch-Hessischen Raum vom 17. bis zum Ende des 19. Jahrhunderts. Koblenz 2000

**Primärquellen**

– Zeugnisse, Bestätigungsschreiben, Studienbescheinigungen, Kaufverträge, diverse handschriftliche Manuskripte von C. G. Hasse. Unterlagen im Besitz des DAM Inventar-Nummern VII A 831, VII A 832, VII A 833-1 bis VII A 833-14, VII A 834, VII A 835-1 bis VII A 835-3, VII A 836, VII A 837-1 bis VII A 837-21, VII A 838.
– Handschriftlich notierte Lebenserinnerungen von Therese Müller, geb. Hasse (Tochter von C. G. Hasse) und diverse Korrespondenzschreiben von und an C. G. Hasse und seine Familie. Unterlagen im Besitz von Frau Brigitte Röser, Mannheim
– Besitzerlisten der Rats-Apotheke Wilhelmshaven. Unterlagen im Besitz des heutigen Rats-Apothekers Kai Neumann

# Tabellarische Darstellung der Lebensstationen, Schriftquellen

| Zeitraum | Ort | Tätigkeit | Quellen im Archiv des DAM<br>Sonstige |
|---|---|---|---|
| 10.1848–3.1852 | Peitz bei Cottbus, Königl. Privil. Adler-Apotheke, Apotheker A. Morgen | Lehrzeit | Zulassung zur Lehre. 12.10.1848. VII A 837-01<br>Zeugnis, datiert 20.3.1852. VII A 837-03<br>Zeugnis, datiert 24.3.1852. VII A 837-02 |
| 1.4.1852–30.9.1853 | Weißenfels bei Halle, Mohren-Apotheke, Apotheker Graf | Rezeptarius | Gehilfenzeugnis, datiert 30.9.1853. VII A 837-04 |
| 1.10.1853–31.3.1854 | Koblenz, Adler-Apotheke, Apotheker Peter Billig | Gehilfe | Gehilfenzeugnis, datiert 30.3.1854,. VII A 837-05 |
| 1.4.–1.10.1854 | Aachen, Hof-Apotheke Nüssen, Apotheker Dr. M. Weidenbach | Gehilfe | Gehilfenzeugnis, datiert 1.10.1854. VII A 837-06 |
| 1.10.1854–1.4.1855 | Dortmund, Adler-Apotheke, Apotheker Friedrich Dickerhoff | Gehilfe | Gehilfenzeugnis, datiert 1.4.1855. VII A 837-07 |
| 4. – 9. 1855 | Halle, Königl.-Preuss. Vereinte Friedrichs-Universität | Studium | Amtl. Bestätigung, datiert 5.5.1855. VII A 836<br>Anmeldungsbuch der Universität Halle, datiert 3.5.1855. VII A 837-21 |
| 10.1855–3.1856 | Berlin, königl. Friedrich-Wilhelm-Universität | Studium | Abgangszeugnis der Universität Berlin, datiert 1.3.1856. VII A 837-08 |
| 1856/57 | Neubrandenburg<br>Alte oder Neue Rats-Apotheke | Gehilfe | »Lebenserinnerungen« |

| Zeitraum | Ort | Tätigkeit | Quellen im Archiv des DAM<br>Sonstige |
|---|---|---|---|
| 1857 | Berlin, (ehem.) Apotheke am Zietenplatz, Apotheker Altmann | Rezeptarius | Zeugnis, datiert 26.3.1857. VII A 837-09 |
| 1.4.1859–1.4 1860 | Neustadt-Gödens b. Hannover, Apotheker H. F. G. Mein | Apothekenvorsteher in der Filialapotheke Friedeburg | Zeugnis, datiert 24.4.1860 VII A 837-10 |
| 1.6.1860/1.6.1861 | Coesfeld, Apotheke, Apotheker Ricklers (?) | Gehilfe | (Zwischenzeugnis), datiert 21.2.1861. VII A 837-11<br>Zeugnis, datiert 1.6.1861. VII A 837-12 |
| 29.7.1861–7.1864 | Apotheke Stadtkyll i. d. Eifel | Apothekenbesitzer | Kaufvertrag, datiert 29.7.1861. VII A 831<br>Bestätigungen Bürgermeisteramt Stadtkyll, datiert 10.9.1864, VII A 837-13; datiert 4.1.1865, VII A 837-16 |
| 1864/1865 | Merseburg, Dom-Apotheke zum Rautenkranz,<br>Apotheker Theodor Schnabel | Gehilfe | Bestätigung Medizinalrat, datiert 10.12.1864 VII A 837-14<br>Brief d. Min. für Mediz.-Angelegenh., Berlin, datiert 23.1.1865. VII A 837-15 |
| 1.6.1866–6. 1869 | Beetzendorf, Altmark, Apotheke | Apothekenbesitzer 16.11.1866 Heirat mit Pauline Stüber<br>Geburt von Sohn Paul (1868–1929) | »Lebenserinnerungen«, Brief, datiert 30.4.1869. VII A 837-17<br>Poliz. Führungszeugnis, datiert 24.6,1869. VII A 837-18# |
| 7.1869–2.1878 | Emden, Löwen-Apotheke und ab 1873 Filialapotheke<br>Borkum, Insel-Apotheke (später »Nordsee-Apotheke«) | Apothekenbesitzer<br>Geburt der Kinder:<br>Therese (1869-1940)<br>Emil (1871–1945)<br>Hulda (1872–1944)<br>Carl (1875–1932) | Begleitschreiben zur Erteilung der Konzession für Emden, datiert 27. Juni 1869. VII A 837-19<br>Mitteilung der königl. preuß. Landpropstei über die Verschiebung der Nachrevision, datiert 30.6.1869. VII A 837-20<br>Kopie Mitgliedsurkunde Naturforschergesellschaft Emden VII A 838 |

*Fortsetzung auf Seite 80*

*Fortsetzung von Seite 79*

| **Zeitraum** | **Ort** | **Tätigkeit** | **Quellen im Archiv des DAM Sonstige** |
|---|---|---|---|
| 3.1878–9.1878 | Braunschweig | Gasthörer Pharmazie bei Prof. Robert Otto | »Lebenserinnerungen« |
| | | Geburt von Sohn Wilhelm (1878–1879) | |
| 1.10. 1878–1.10.1882 | Hamburg, ehem. Schickedanz´sche Apotheke am Neuen Pferdemarkt | Apothekenbesitzer | »Lebenserinnerungen«, Kopie Mitgliedsurkunde im DAV, datiert 1.1.1879. VII A 838 |
| 1.7.188–1.4.1883 | Hamburg, Engel-Apotheke Steindamm 37 | Apothekenbesitzer | »Lebenserinnerungen« |
| 1.3.1883–30.4.1887 | Schwerin, Marien-Apotheke | Apothekenbesitzer | »Lebenserinnerungen« |
| 7.1887–1890 | Berlin, (ehem.) Zion-Apotheke, Anklamerstrasse | Apothekenbesitzer | »Lebenserinnerungen« |
| 19.4.1890–1.10.1902 | Wilhelmshaven, Rats-Apotheke | Apothekenbesitzer | Korrespondenz Hasse u. Familie in Kopie im DAM. Unterlagen in der Rats-Apotheke: Kaufvertrag 19.4.1890 (Apotheker Kayser an Hasse), Kaufvertrag 14.10.1902 (Hasse an Apotheker Carl Stoeck) |
| 1902–1918 | Berlin-Friedenau | Ruhestand, Arbeit an den »Lebenserinnerungen« | Handschrift VII A 832, Vorstudien VII A 833-10 |
| 9.1918 | Bremen | Neuer Wohnsitz bei Tochter Therese Müller, geb. Hasse | Abzugsattest C. G. Hasse, Ziel Bremen, datiert 27.9.1918, VII A 835-02 |
| 1.10.1918 | Bremen | Tod von C. G. Hasse | Briefwechsel in Kopie |